極楽橋

日本
騎遇記
帶著夢想與勇氣，
騎乘上路！

推薦序／1

每一段旅行有不同的故事，每次旅行有不同的成長，因緣際會得知黃如雪的旅行故事，一個女孩勇敢地單車旅行。對於非運動員而言，單車旅行這真的不是一件輕鬆的事。光想到一個人搭帳篷露營、生火煮飯、修車補胎、解決旅途中的一切問題，還要每天騎上百里，這真的是超酷！

光是旅行前的準備，加上體力、心態的調整，並了解當地歷史文化、實用語言，這個用心更值得讓人嘉許，透過分享也讓夢想去日本單車旅行的旅人節省時間，真是美事一件！讀完這樣的旅行紀錄，讓我好想立刻就放下一切旅行去。

作者以文字分享這三十天的旅行故事之外，更傳遞著愛與正向力量，讀著讀著就能被文中的某一句話而感動，讀完此書一定讓你有很多收穫，想更認識日本嗎？想知道怎麼在日本單車旅行嗎？讓我們一起築夢吧！

極地冒險運動家

林義傑

推薦序／2 到日本騎單車，正夯！

五年前，曾有朋友跟我打賭，他說台灣人很喜歡一窩蜂外加三分鐘熱度，葡式蛋塔如此、甜甜圈如此，他認為單車風潮也會是如此。當時我剛出版了《2000 公里的單車夢》，另一本《單車西遊記》也正準備要殺青，聽到朋友這樣的三言兩語，也更勉勵自己，要盡一己之力推廣單車運動，讓社會大眾證明給他看！

自己一個人的力量不大，但是透過出書、演講、部落格、社群交流……等方式，把自身經驗傳遞給有興趣的朋友，哪怕一萬個人當中，有一個人真的去做了，對我來說，心中的喜悅更勝於自己再去騎一趟。

本書的作者黃如雪，就是一萬個人當中的那一位，不管是日本文化、單車經驗、體能訓練，她幾乎是從零開始，如此一步一步實現夢想，更能懂得享受個中滋味，也更能貼近每一位剛萌生夢想的年輕人。

看完此書，彷彿跟著作者走完了一個月的旅程，跟著她吃美食、跟著她與日本爺爺對話、跟著她體驗日本文化，尚未找到夢想的人，可以透過作者追夢的經驗，試著激發自我；已經有夢想的人，你會覺得實現夢想的感覺原來是如此美好，眼前的你，還在等什麼呢？

單車旅遊作家、醫師

許文綺

推薦序／3

認識如雪是她在台南市立醫院任職於加護病房的專科護理師。當初總覺得這位女孩開朗中帶點憂愁，直到她說她想轉換工作環境時，我才知道加護病房的拘謹與封閉氣氛禁錮了她的靈魂。接下來如雪考取了公務人員並任職於健保局。在兩年制式化的工作環境下，如雪又放棄了人人稱羨的公家體系。在銜接房仲這工作的空檔，她選擇一個人自助旅行並使用單車做為她一個月的交通工具。而這僅僅是她第二次出國就挑戰的行程！

書中記錄了如雪一個人在日本自助旅行的點點滴滴。以平易近人帶着細膩的情感描述手法，讓讀者在毫無壓力之下有着我心嚮往的衝動。其中那段與日本爺爺相處，更是令我最激賞的！

藉由這本書，你可以更有信心去實現自我的夢想。

最後，更祝福如雪在新的工作發光發熱。更期待一位新作家的誕生！

台南市立醫院主治醫師

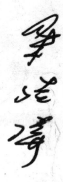

前言

幾年前，我曾利用考試放榜空檔挑戰了「單車環島」，在這次環島之前，我不是單車愛好者，只是想藉著環島來證明自己的力量，那是我第一次單車旅行並且享受獨自完成環島的喜悅，一個人單車環島旅行是我這輩子最印象深刻、最有趣的！所以我愛上了，我愛上單車漫遊，說停就停，沿途欣賞風景，並與當地人互動接觸，單車真的是最適合旅行的工具！

二〇一四年再次面臨人生抉擇，將要離開公務員工作，重新尋找人生方向；離職後將有一段長假，我又想在台灣單車環島，也想出國增加視野，正在難以抉擇之時，偶然間聽到了一段廣播，內容為台灣「銀髮族」單車隊（最年長的是九十歲），他們即將在暑假要「單車旅行」從加拿大多倫多騎到美國，在這之前他們已經勇闖新加坡、馬來西亞等國家，真是超強的啦！這段廣播無疑震撼了我，於是讓我有了單車出國旅行的夢想，首先從選定國家、學習訂機票、準備單車及裝備、路線規劃、體力訓練、語言學習、讀歷史等等……，準備這段時間約莫四個月。

這趟旅行是挑戰自我的試煉，想把自己丟到一個未知的世界，在地理、語言、人文都不熟的環境下，憑著自己的力量去生活。我相信旅行不一定只是吃好住好、或是拼命購物的 shopping

團；而人跟人之間的相處，不一定完全仰賴語言，只要一個微笑，一個點頭都是能傳遞善意；想趁年輕沒有負擔的時候，增加人生視野，體驗異地生活，這會是一次非常棒的體驗！更想透過旅行增加勇氣，解決問題的能力，開闊世界觀，好好認識其他國家並學習觀察其他民族的優缺點！

我開始選擇地點，新加坡、韓國、大陸、荷蘭（阿姆斯特丹）、美國，這些國家都是騎單車的好地方，最後選擇了日本！我對日本這個國家並沒有特別的喜好，甚至受爸爸的影響，對日本一直有種國家情仇，小時候當然也喜歡日本漫畫、卡通、瘋日劇，不過都是短暫的過去式，除此之外，對於日本文化一無所知，但是我會選擇日本的原因有三大點：

❶安全性：日本社會治安較佳，畢竟是女生獨自單車旅行，安全是首重要件。

❷交通便利性：日本對自行車很友善，而且公路上的指示牌多為漢字，找路較簡單，另外日本交通便利，旅行中發生意外也可隨時打包上車。

❸增廣見聞性：日本是亞洲強國，想必有很多台灣值得學習的地方，風景部分有大都市，也有自然景色，日本一定是旅行的最佳選擇。

原本很像一個遙不可及的夢，在整個準備過程就不斷遇到困難，為了熟練單車打包，常帶著車到處跑，甚至練習時摔車受傷，以及學習日文及摸索日本歷史等等……，這些大大小小的問題常常讓我很頭痛，一個一個慢慢解決，我一直為了這個夢想堅持著，所幸有很多好朋友幫助，陪著我一一克服，不管在單車準備、體力訓練，甚至日文學習上都獲得大大的協助，真的非常感謝！

這趟單車旅行不是什麼了不起的大事，但人總是在一個一個試煉當中，更認識自己，從自我挑戰中得到滿足，這就是我所希望得到的試煉，這個夢想順利甜蜜的完成了，我多麼地幸運，在旅途後半段，遇到一位可愛的日本爺爺！旅程的後半段也是看膩日本街景的時候，遇到了這位爺爺，帶我欣賞日本不同的風景，貼近日本街道、人群、美食、歷史，更深入了解日本文化，也許當中的見解是我粗淺的認識，但我仍想要替自己和爺爺記錄這一場老頑童與小頑童的幸福遊記！

更想分享給你，這段旅行的準備過程及經驗，我彙集日本旅遊相關資訊、單車旅行生活的大小事，這部分會以小單元穿插在旅行遊記中。獨自在國外旅行，對於異地容易有很多未知的恐懼，希望透過遊記的分享，讓你減少害怕，增加對日本街道的熟悉度，希望有相同夢想的你（妳）也可以因此順利圓夢。

有夢最美，逐夢踏實

目錄

About Traveling

About Japan

日本騎遇記

帶著夢想與勇氣，
騎乘上路！

行車軌跡

00

這天終於來了！

日期：2014.7.6

行程：台南住家→桃園中正國際機場

天氣：晴天 30 度

圖為深夜的航站櫃臺。

時間過得飛快，計劃四個多月的日本單車旅行，這天即將到來，真的要出發了！回想這整個規劃的過程，從開始什麼都不會到現在的滿滿心得，即將要驗收我的成果了！一整天我都呈現興奮緊張狀態，一個人旅行說不害怕是騙人的，腦袋還是不免出現一些可怕的事件，被搶、掉錢包、遇到壞人、摔下山崖等等，但是再多的害怕都無法阻擋我探險世界的決心！

香草航空機票是七月七日凌晨三點從桃園飛往日本成田，但是我必須提早六個小時從台南到桃園待機，趕快把握最後時間檢查行李，以「物品核對表」做行李的最後確認，各類物品以透明夾鏈袋分類，既防水也方便旅程中拿取！

「車子裝袋」是最討厭的事，比組裝單車更費時費力，常搞到全身大汗；因為要登機長途飛行，單車包裹是不能有外露的部分，要全部包進袋子或盒子裡，還須要將單車龍頭完全卸下，全車才可以塞進單車袋；也要小心變速盤碰

▶ 這就是我 30 天的夥伴。

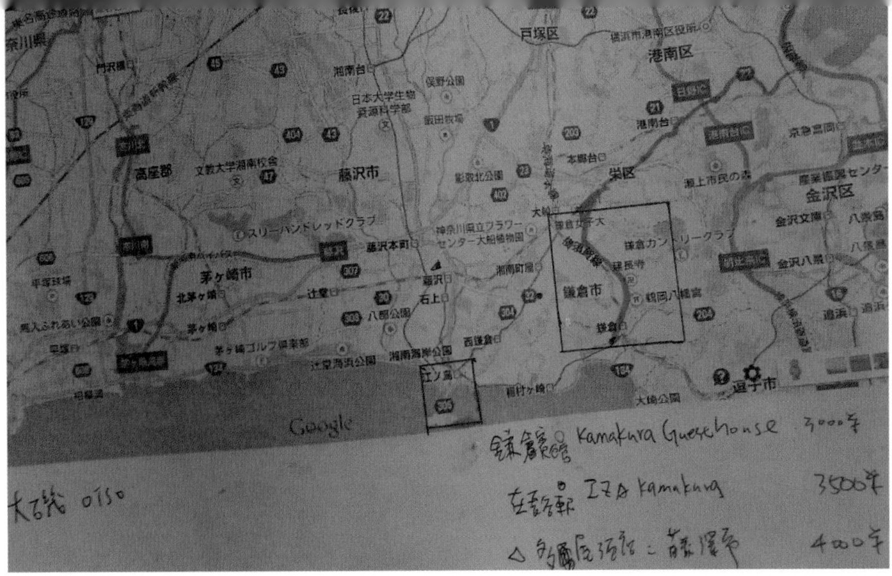

▲ 行前必備功課：路線規劃。

撞變形，我放入軟墊做為緩衝，希望航務人員別摔得太大力啊！最重要的是登機前千萬記得要將「輪胎洩氣」，另外會發熱的物品（電池類）禁止放在行李箱，只能放在隨身行李，常出國的人可能都知道，但是沒什麼出國經驗的我異常焦慮！為了這趟旅行，我常常練習拆車、組車、裝袋，這流程約莫要三十分鐘的時間，衡量自己的組裝及拆解的時間很重要，方便時間調配，才不會慌慌張張，趕不上車或飛機等等……

出發前，我以家用體重計測量行李重量，避免到機場發生超重情況，我所有的行李是一台單車及車用配備（十五公斤）、一個軟式行李箱（十公斤）、一個隨身單肩包（三公斤），總重是二十八公斤，在預估範圍內（另外加買二十五公斤行李重量）！離開家門前，我擁抱了每一位家人，一直以來我跟老爸都不會說貼心話，在擁抱老爸那時，他簡短的說了「要小心」，我哽咽說「我知道，我會小心。」語短情長，帶著家人的支持與祝福，前往機場的路上。

坐上客運前往桃園機場，這一路上，依舊很緊張、恐懼、完全無法小睡休息，心裡一直不斷告訴自己，害怕無法解決事情，幻想中的可怕事件也未必會發生，千萬不要自己嚇自己，不斷的自我心理建設，也就這樣從台南抵達桃園中正機場了！

香草航空（Vanilla Air）在第二航廈，我帶著大包小包行李還有一台單車，近三十公斤重量，從台南到桃園機場，其實比想像中輕鬆容易，只有轉接駁車才需要搬行李，到了機場又有推車，真是方便極了，果然想像總是比現實恐怖複雜。需要注意的是在機場上下手扶梯時，容易發生單車卡在手扶梯的情形，只要多留心一下，就不會發生卡卡事件！半夜的桃園機場比我想像中冷清，原來夜間的航班很少，便宜的廉價航空才會在這個冷門時段起降；冷清的桃園機場、稀疏的遊客，加上緊張的心情，我冷到四肢冰冷了。

第一次透過網路訂機票，到航廈報到時，果然還是發生了小插曲，網路訂票的英文名字居然與護照上面不同，沒經驗所以不知道身分確定的重要性，導致地勤花了很多時間確認，而我的代價是要多付三百元台幣來變更姓名，也算是多學到一個經驗！搞定一切後等待登機，帶著期待又害怕的心，終於要飛行了！即將飛向我的夢想國度，開始三十天日本單車之旅，日本我來了！

夢想起飛，這三十天將會發生什麼事呢？

01

海關覺得我是來日本亂的！

日期：2014.7.7

行程：成田機場→佐倉→八千代→船橋市→東京台東區（淺草）

天氣：陰雨天 25 度

騎乘公里數：82 公里

花費：2,843 日圓

我很害怕搭飛機，加上沒什麼出國經驗，因此起降時，真是嚇死了，何況這次是獨自飛行，還好今天很平穩。雖然整夜忙碌沒睡覺，但我完全沒有睡意，望著窗外漆黑一片到逐漸天亮，到了日本領空才發現日本今天是個陰雨天，但不減期待旅行的美好心情！

因為是廉價航空，機上的食物都要額外花錢購買，還好上機前先嗑了一個便當，讓這三小時短短的飛行不至於太難熬。廉價航空位子偏小，我選擇靠窗可看風景的位置，但似乎無法輕鬆出入上廁所，隔壁的祖孫倆吃飽喝足後睡得超熟的，導致我無法移動了！凌晨三點半的飛機，飛行三小時，抵達成田機場（Narita airport）已經是早晨七點半了（日本與台灣時差一小時）。

▶ 乾淨的寺廟，旁邊就是墓地……

台灣與日本互為免簽證國家，也就是前往日本旅行不用辦理簽證，在飛機

▲ 過了江戶川，就差不多抵達東京了！「江戶」就是東京的舊名。

上空服員會協助填寫「外國人入境卡」，只需要填寫個人資料就可入境日本，表格中有個欄位需填當天下榻的旅館，這趟旅行我根本沒找旅館，這個欄位勢必要亂掰，好在成田機場提供免費 wifi，我立刻上網找到東京淺草便宜旅館，很快就搞定入境的第一個難題；入境時，海關用日文詢問我，但我根本聽不懂，當場傻在那裡。最後在英文、日文雙語溝通下，海關人員應該是在表達：「你第一次來日本？一個人來？不會日語？要在日本單車旅行？還要停留三十天？」好吧！我承認她的表情有點傻眼，她的心裡應該在想，這位台灣人應該是來日本亂的吧！

初次到成田機場好緊張，到處都是說日文的人、日文廣播、日文指標，剛剛與海關的互動也讓我有點灰心，不過這一切都沒延續太久。很快的，我整理好情緒開始著手準備出發啦！入境日本後的第一件事就是調整手錶的時間，並關閉手機數據漫遊；成田機場有免費 wifi，簡單向家人報平安後，就開始進行單車組裝及物品補給，一切就緒之後，我到「國際旅客

服務櫃臺」詢問單車如何離開機場周圍，服務小姐很熱心的幫我畫下地圖，我就沿大巴士路線，牽車逆行不到十分鐘，就順利進入日本259縣道，騎上單車往東京（Tokyo）的方向前進！

一開始的騎乘非常順利愉快，除了適應日本右駕，前進靠左的行駛（與台灣相反，台灣是左駕，前進靠右），在51縣道上看到第一間7-11馬上來進行「7-SPOT」網路測試，也順利連線，第一次進超市什麼都是新奇的，順便買了午餐，提起勇氣詢問店員269線道怎麼走！（第一次問路好緊張！）今天是陰雨天，恰巧這時雨勢變大，索性就在超市門口躲躲雨，順便緩和剛剛興奮又緊張的心情！

此時有位年約八十歲的爺爺上前打招呼，但我聽不懂，只好緊張的比手劃腳說：「我是台灣人，來日本單車旅行，剛剛從成田機場出發，今天要去東京！」老爺爺驚訝的看著我，熱情握手，要我路上小心，還向身旁朋友介紹我，這是我第一次收到日本人給的溫暖加油，日本人好友善、好可愛！

▲ 遇到的第一個神社：八幡神社。

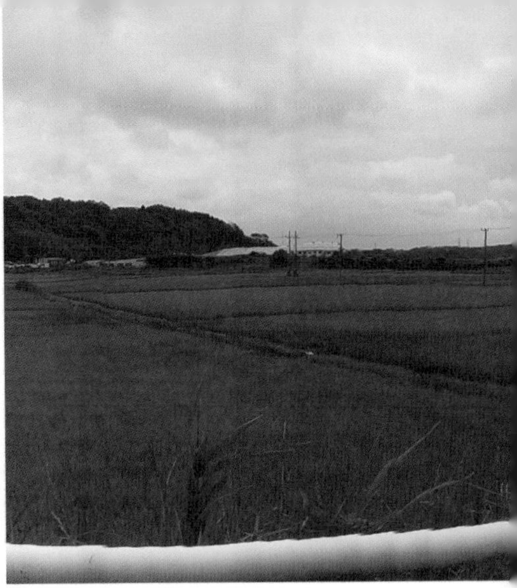

▲ 成田郊區全景照。

日本 7-11 沒有提供用餐座位，即使我很餓、很累，還是得離開尋找適合用餐的地點。好幸運，在不遠的 269 縣道上有座「白銀公園」，來進行我第一次野餐，好愜意悠閒啊！白銀公園小小的，算是千葉郊區的小公園，但整體上非常乾淨，地上沒有一點垃圾，草皮也經過修剪，很棒的一個野餐地點！

騎乘在千葉縣（Chiba）的感覺是日本到處都有大樹、森林，難怪會有「龍貓」這麼接近大自然又充滿幻想的卡通。在日本街頭，到處是我從沒見過的日式建築，每個建築都好特別，住宅前的園藝都是經過修剪整齊，門前還會放置可愛飾品；在佐倉市（Sakura），有一整排的歐風混日式建築，家家戶戶門前都超認真布置，溫馨又可愛！我想日本人很重視家吧！每個人都重視自己的家，整個街道就是美麗，整個國家就是乾淨，每一件小事從自己為出發點做起，效益是如此的大，這是我在日本第一天最大的感觸。

為了試驗 JR 車站能否無線上網，進入佐倉駅，但是測試失敗，JR沒有提供免費wifi，真殘念！（這裡的wifi多是支援當地通訊系統）佐倉駅雖然是一個小小車站，街道兩旁卻有許多藝術品銅像，很有文藝氣息，也感受得到城市營造的用心！就這樣一路拍一路玩，一晚沒睡也不覺疲憊，心情輕鬆愉快，完全不受下雨影響，就繼續前進吧！

到了八千代市，見到第一個小神社「八幡神社」，在此稍微停留休息。今天的目的地是淺草，約有七十公里路，不能停留太多，否則要夜騎就麻煩啦！看到日本神社感覺真妙，除了興奮外，很多種滋味在心頭，感到激動、還帶點不真實，我真的來到日本了！進入船橋市後，汽車、大貨車明顯變多，行人單車道又小又不平滑，也許是要逼單車慢行吧！加上下雨，行人道上鋪行的無障礙設施「引導磚」好濕滑，一直有種要摔車的feeling，真可怕！這條進入東京的路非常不好走，幾乎以緩慢爬行的龜速前進淺草（Asakusa）！在船橋市，我發現了一間觀音寺，觀光客的我拿起相機狂拍，才發現這類的寺廟，旁邊原來有墓地……（真是不知者無罪，趕緊快閃走人了！）

直到江戶川（Edogawa），我隱約看到了遠方的晴空塔（SKYTREE），忽然覺得很感動，東京就在我的眼前了，昨天一夜沒睡的疲勞盡失，但一開心放鬆的下場就是迷路！過了江戶橋之後，我把遠方的閃爍紅燈當作是晴空塔（因為天候不佳，雲層厚），後來才知道東京的上空到處都是閃著紅燈的高塔，真是大崩潰啊！在江戶區多繞了十公里，才找到正確方向，晚上七點多才抵達淺草雷門，這時的雷門已經沒有店家營業，只有少許觀光客，看到雷門這瞬間好激動，覺得自己好了不起，能從台灣找到這裡來，接下來我用掃街的方式尋找便宜旅館，也順便單車壓馬路大開眼界。

其實真的累了，但是在鬧區找不到旅館，也不可能隨便紮營，只好繼續拖著車一邊迷路一邊找旅館，初到東京都，每條小街道都長得好像喔！晚上九點多了，終於找到一間旅館，神奇的是這間旅館居然就是我寫在入境卡上的旅館（浅草ホテル和草），這種巧合讓我覺得此次日本之旅一定會平安順利！

在日本的第一晚是住在膠囊旅店，從旅館門前即可見到晴空塔，是個很棒的地點。室內空間約有三十個膠囊，一晚二千日幣，算是非常舒適，缺點是沒有洗衣機，旅館洗衣服居然要四百日圓，小資女孩只好想出克難的方法——能省則省囉！

想像永遠比實際困難很多

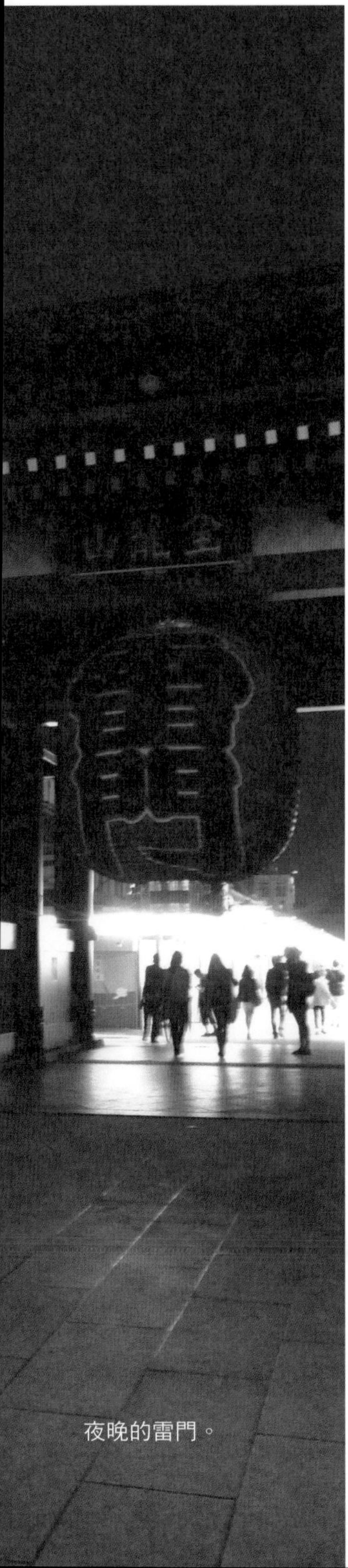

夜晚的雷門。

About Traveling 準備工作

既然決定要出國單車旅行，如何在有限的時間裡，準備你的行前計畫呢？預計到國外單車旅行，你想要你的旅程是怎麼樣的路線，美食盛宴？風景之旅？歷史人文或是小資旅行？完全取決你的事前準備工作，出發前就應該好好詳細規劃，寧可出國前多花時間準備，也不要在國外落難，造成旅途中後悔，甚至變成遺憾！

在下定決心單車旅行後，花了約四個月時間在準備工作上，各項資料的蒐集，參考網路資訊、日本旅行書、介紹等相關資料以及在體能、心態的全面調整，得到一些心得及彙整，我將準備工作分類為十大項：機票簽證、單車及配備、體力心態、通訊網路、行程規畫、生活用品、日本現況、日文學習、歷史大略、重要提醒，跟著我的腳步，一起實現這個瘋狂計畫，然後逐夢踏實吧！

【護照】護照是出國最重要的國際身分證，有效期限為十年，可交由旅行社辦理，花費約一千二百元台幣；出國時，建議準備護照彩色影本及證件影本，如果護照遺失，也方便後續處理！

【簽證】日本與台灣互為免簽國家，也就是，不需多花一筆錢辦理簽證，在飛機上空服員會發給旅客外國人入境卡，只需要填寫即可入境日本；觀光性質停留日本最長九十天，但入關時，海關可能會問得詳細些，甚至要你出示旅行計畫書以茲證明！簽證卡上有個欄位，是要填寫當天入住的旅館，可先準備預計入住的旅館名稱及住址電話，方便填寫！

02

大・東・京・不思議！

日期：2014.7.8

行程：東京一日遊

天氣：晴天 30 度

騎乘公里數：55 公里

花費：6,182 日圓（住 3,800；紀念品 1,000）

圖為晴空塔。

▲ 二天門。

一早七點多我就準備出門，住在浅草ホテル和草這個絕佳的好地方，當然要輕裝去逛一下晴空塔（SKYTREE）及淺草寺，老天給了我一個好天氣，看到「天空樹」搭配這樣的藍天，心情整個超開心的，到了晴空塔才發現原來它是一個車站，這附近居然還有指示牌「SKYTREE 拍照最佳點」也太有趣了吧！登高塔要收費，小資旅行也就沒有慾望上塔，也觀察到這附近屬於新興都市區，不算是太擁擠！

再往淺草寺方向前進，途中經過淺草七目町的「待乳山聖天」，「待乳山聖天」這個名子好怪，是什麼呢？我立刻探險去，原來「待乳山」是個地名，「聖天」又叫做歡喜天，是專門招財招福的佛教神祉之一，而「待乳山聖天」是日本三大聖天之一，「大根」是待乳山聖天的代表，本堂樑上的裝飾即是「大根」。此時正好有一位住持走出來，信徒們立刻立正、低頭、恭敬的站著，讓我也不敢輕舉妄動，原來日本神職人員的地位這麼崇高，被人民所尊敬耶！

隨意四處走走拍照之後，我從「二天門」進入淺草寺！淺草寺是我在日本看到的第一個大寺，印象特別深刻，整個紅色基底複合建築，本堂前面就是商店街，一直通往「雷門」，在寶藏門掛有一雙大草鞋，據說摸到草鞋能有好運！而五重塔就在旁邊，這些都是我在電視、旅遊資訊上看到的景點，心裡超級興奮，莫名感動！這時約八點多，店家陸續開門，遊客開始湧現，我悠閒的拍照四處看，單車旅行的好處，也是壞處——就是無法購物。購物往往是旅行中最花錢、最花時間的，但日本小物每個都好可愛，我認真快速的看過一次並且拍照紀念，心裡也是挺滿足的！（但是要注意有些商店禁止拍照喔！）

「人形燒」是清水寺的名產，想要買來嚐看看的同時，隔壁店家的老闆娘居然「噓噓噓」叫我過去，她小聲的向我打招呼，我疑惑的回她：「我是台灣人，來日本單車旅行，日文我不會。」這句話是每當我遇到日本人的SOP，通常再說下去，就要英文加上比手劃腳了。原來老闆娘也是單車愛好者，曾經在日本單車旅行兩次，還遠征美國騎單車三個月，老闆娘真是超強啦！她轉身塞了一包名產給我，要我路上小心，真的是好溫暖！第一次受到日本人的好意，一時也傻了忘記把事先準備的小禮物送給她（PS：日本是重視禮教的國家，出國前我準備了國旗貼紙及郵票作為回禮或是結交朋友的禮物）。淺草寺結束後，再回膠囊旅館取行李，往下一個地點上野（Ueno）前進，淺草的膠囊旅館位在東京都東北方稍偏郊區，不利隔天東京的移動，即使超便宜又舒服，還是得離開！

▲ 稻荷神的使者是狐狸，狐狸穿上可愛兜兜，感覺就沒那麼可怕了。

隨後往「上野恩賜公園」前進，公園位於高台地形，踩過小上坡就進入公園，這裡讓人感到非常舒服，公園裡的步道很大，單車可以騎乘，兩旁都有林蔭，樹下種滿繡球花（夏天正好是繡球花的花季），蟲鳴鳥叫，尤其是烏鴉「啊啊啊」的叫聲，好像到哪都聽的到！這裡有許多觀光客悠閒散步，街頭藝術家吹奏樂器、噴漆藝術畫，雖然是個供休憩的公園，卻覺得它很活潑，生氣勃勃！

公園西南方有一個種滿蓮花的「不忍池」，雖然還未開花，但這整片的蓮花葉真的夠大氣！公園內部裡有幾個神社，「五条神社」、「花園稻荷神社」、「合格大佛」、「觀音堂」及歷史古蹟「東照宮」都在這裡，我在這裡逛逛神社、古蹟就這樣過了整個上午！其實恩賜公園內部還有一個上野動物園，周遭還有美術館、科學博物館、東京國立博物館，但時間不夠，重點是都要買門票，小資旅行也就不感興趣了！下次有機會再好好待在上野玩他個幾天囉！

下午往新宿（Shinjuku）前進，經過秋葉原，日本橋，這裡真是宅男的天地，一進入這區，眼前全是資訊、動漫、大幅電玩廣告，街上可聽到電音舞曲，好有年輕氣息；有cosplay 女僕發傳單，這些女僕妝容打扮專業又可愛，還好我已戒掉電玩，否則大概就黏在這裡了吧！再往前走，有條特別的街道，位於鬧區的馬路居然是整條的舊書店，還頗有人氣，原來是日本知名的「古書街（神保町）」！台灣也有二手書店，我也愛舊書，便宜又環保，一整條的舊書街，充滿著濃厚的人文氣息，但看不懂日文字只好直接跳過這些，繼續前進！

原本要到新宿，卻誤打誤撞到達中央區的「皇居」，「皇居」最早原是江戶城，明治時期變成天皇居所，我由現代美術館這側的「北佶橋門」進入，車跟行李就隨便丟在天橋下；皇居外有一道護城河，進入後要先向皇居管理員取號碼牌，這位管理員一看到我，急忙戴上白手套，禮貌的向我鞠躬給我入場門票，有夠正式的，讓我想起初在日本很不習慣多禮的日本人！

進入皇居看到的第一個指標是「天守閣遺跡」，很好奇「天守閣遺跡」是什麼，但上去後真的恍然大悟，遺跡就是什麼

◀ 合格大佛，原為一尊大佛像，歷經戰爭、地震後，留下佛臉供人參拜。

都沒有。說真的，也許我進皇居的入口不好，這裡是整大片的草原、修剪有型的松柏，以及草原上的烏鴉們，讓我對皇居的印象是烏鴉公園，小跑步繞了半小時，覺得無趣加上擔心行李，就趕緊離開了！皇居散發出的氛圍就如同日本文學喜歡在景色上做冗長的鋪成……，我對皇居大概就這麼點感受。

沿著去新宿的路上，也參觀了常引起爭議的「靖國神社」，原名為東京招魂社的「靖國神社」，直到一八七九年改名，供俸那些二戰戰死的侵華日本軍人，是強烈的軍國主義代表，所以每當日本首相或是政治人物到此參拜，總會引起華人爭

中央區皇居外苑旁的馬路，穿插著典雅的舊式大樓與現代高樓，搭配點點燈光，更加迷人！

論！神社本堂外有兩個很大的原木鳥居，本堂白色帆布上的「菊花紋」代表萬代同宗，是日本國徽具有極重要的內涵。神社簡單莊嚴，不少日本民眾到此參拜！下午五點多，我抵達新宿御苑，這個時間點已經閉館了，無法參觀，但我不覺得遺憾，這樣長程的旅途，本來就無法看盡所有地方，沒有這裡也還有其他美的地方！只是到了日本，參觀景點真的要特別注意，如果是你非去不可的地方，最好先確定參觀時間！

快要天黑時，來到7-11上網找旅館。新宿歌舞伎町有便宜旅館，而這些便宜旅館通常會在小巷子裡，花費很多時間找到後，旅館內將卻告訴我只提供男性住宿，真是暈倒！歌舞伎町區是有名的花街，街上五光十色，提供男性客人的「無料案內所」，男性最愛的「居酒屋」、「按摩店」，「特殊表演場」通通都在這裡！濃妝豔抹的年輕小姐，暴走族年輕人，甚至在街上也看到幾位警察進入パチンコ（Pachinko／柏青哥）抓了一名嫌疑犯，也許歌舞伎町不適合我留宿吧！

我重新搜尋旅館，在東京車站附近的京橋有間平價旅館，只好走回頭路回到皇居附近，晚上八點沿著皇居外園，經「日比谷公園」、「東京車站」、「銀座」，迷路一小時後才找到東京車站旁的京橋。由於沒有申辦網路，只能靠著7-11wifi，一天有三次的限制，我必須把握每一次使用的機會，這也是一開始在日本最感到壓力的，尤其在小巷子裡找路，這兩天都讓我很崩潰。晚上九點終於找到，一樣是膠囊旅店，卻要三千八百日圓，好吧！這價錢在東京車站周圍，算是很便宜了吧？確定留宿地點之後，我立刻丟下行李趕快前往到東京一定去的「東京鐵塔」！

▶ 著名的靖國神社。

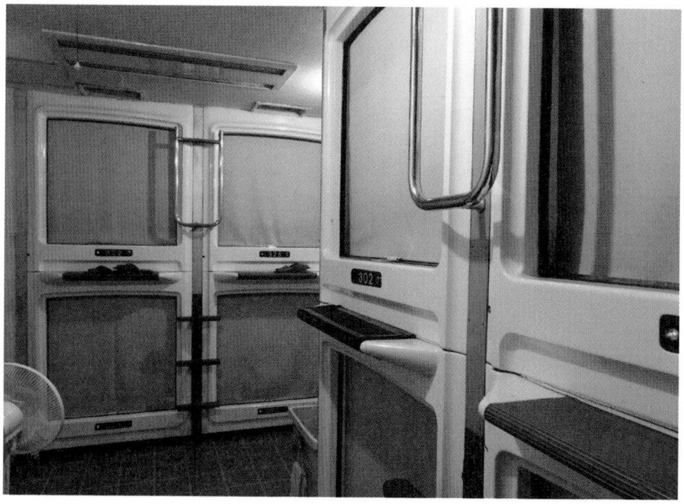

◀ 膠囊臥鋪。

夜間騎乘在東京都，仍然有好多風景可看，我遇到日本「aniki」（大哥），一群穿黑西裝的小弟一直向大哥鞠躬，也看到上班族男人狂對上司「鞠躬哈腰」，全身酒氣在居酒屋前搖搖晃晃。夜晚的東京街道就是「飄散的酒氣」，「男人間的互相鞠躬」，「內將的招呼聲」，「喝醉站不穩的徘徊居酒屋」的這一幅景象！十點多，我抵達「東京鐵塔」，卻發現鐵塔的燈已經關了，有點小可惜，畢竟我可是又踩了十多公里才到這裡。發現「芝」這一區似乎是觀光地區，有個很大的「增上寺」，我打算明早再來一趟。

回程沿著銀座（Ginza），繞東京車站，東京的夜晚卻被路燈、招牌、大樓照亮如同白天。夜裡悠閒的欣賞這個美麗大都市，心裡有滿滿的喜悅與驕傲，像是做夢一樣，我真的在日本東京嗎？我真的到這裡騎單車旅行了嗎？

看到世界，才知道自己的渺小

About Traveling 機票

出門旅行囉！第一步就是準備機票、簽證、護照，機票的選擇有商務航空公司及廉價航空公司，一般的商務航空機票可由旅行社代訂，航點較多，機上服務較齊全，提供免費餐點或點心，位子較舒適；而廉價航空機票通常航點少且因利潤低，通常無旅行社代訂服務要自己上網訂票。廉價航空是目前小資族的熱門選擇，常常出現優惠價，尤其是短程飛行，甚至比國內高鐵便宜！廉價航空顧名思義，票價較低，但相對的沒有商務航空的服務，不供餐，位子較窄小，尤其是靠窗的位子上廁所就不大方便！

廉價航空票價是浮動的，也就是越往假日、旺季，票價通常較高（可差到一倍以上），建議在三個月前購買，能買到較優惠的票價。我原本的計畫是行程規劃完成之後再訂機票，但發現隨著日子越來越接近，票價卻越來越高，於是改變作法先買機票，再慢慢規劃囉！這樣也是個好方法！廉價航空票價雖然便宜，但是要注意「特價票」及「基本票」這類機票是無法退票或更改班次的，長程旅行中很多變數，建議寧可多花點小錢多一點保障！訂票前先詳讀規定，廉價航空藏有許多細節在訂票規定，以免權益受損；另外，單車旅行如果不想繞原路返回，建議可由不同的進出國航點（如台北飛成田，福岡飛回台北），這也是一個不錯的選擇！

前方是 21 世紀未來港，
帆船建築及摩天輪是橫濱的重要地標。

03

鐮倉下雨 迷路睡廁所

日期：2014.7.9

行程：東京→橫濱→鐮倉

天氣：陰雨天 26 度

騎乘公里數：80 公里

花費：2,853 日圓

▲ 文具店琳瑯滿目的卡片及毛筆，可見「禮」的重要性。

八點整裝出發，先到附近 7-11 確定路線並且評估里程數，在這裡發現了一件有趣的事，昨晚喝酒狂歡的日本男性進入超市就是狂灌咖啡及提神飲料，這不是少數人的行為，引起了我好奇的目光，真是太有趣了！這些穿著襯衫或西裝筆挺的上班族大軍，是台灣少見的，於是我想在離開東京前，再到東京車站看看上班人潮，昨晚車站周圍被燈光照得燦爛，路上滿滿都是計程車；白天的車站倒是恢復了該有的秩序，許多上班族趕著上班，男性們身穿襯衫或西裝，識別證跟公事包是基本配備，女性上班族就偏少，她們幾乎都會上妝，看起來都乾淨有精神，這不也是日本的一種風景！

接下來我趕著前往昨晚熄燈的東京鐵塔，途中經過銀座的文具店，也花了一些時間寫明信片，向台灣的家人朋友報平安。在文具店裡，一樓顯眼的地方全部都是壽卡、生日卡、喪禮卡以及寫卡片需要的毛筆，日本果然是很重視「禮」的國家，很重禮數這點讓我去思考這個國家的社會壓力應該很大，似乎不太能恣意的我行我素！在台灣，文具店、卡片這種東西通常都是放置在二樓角落，「禮數」在台灣是心意，沒那麼制式化！

在銀座區迷了路，卻碰巧看到東京著名的「歌舞伎座」，是日本歌舞伎表演的專用劇院，有著復古豪邁的建築外觀，門口公布欄張貼近期演出的海報，一早已經有觀眾冒雨在排隊了呢！

下雨天騎車就是有點怕怕的，自從上個月在台灣摔車後，帶著傷來日本旅行，這個傷口一直提醒我——別騎得太快，騎車小心。雖然受傷很痛，我還是感謝那次摔車的經驗！我到達增上寺已經十一點，因為寫信而延誤行程，這時雨勢也變大，白天的東京鐵塔依舊沒有亮燈，在增上寺的「案內」說明發現這裡是歷代德川家的墓地，我卻沒有想去參觀的動力，於是在門口躲雨用餐後，就往下一站橫濱前進！

東京雖然只短暫停留兩天，但我覺得東京好大好美，

◀ 迷路才遇到的「歌舞伎座」

像是一個百變美女，既可以活潑年輕像少女，又是雍容華貴，高貴典雅的熟女！雖然我沒有逛透東京，但走過的每一區都有強烈的差異，皇居周遭的古典貴氣、銀座流行街頭的燈火通明、歌舞伎町的花街、上野區的文藝氣息，在一個大都市裡有多種面貌，這也是此次日本旅行裡，未再見到的多元大都市！

接著就往下一個都市前進了。首先到達品川，這裡很明顯已經遠離東京，馬路很大卻不再擁擠，看到一條小街道「北馬場參通道」，其實只是一般商店街，我也拿起相機猛拍。往橫濱的路程，騎經一條公路大橋上，中途發現我居然騎在快車道，車開得又快又急，而單車道居然在欄杆內側，眼看這條大橋還很長，當下只好把單車、行李扛過欄杆進入單車道，雖然很囧，但這讓我有個安全的騎乘；一開始在日本騎車還很不習慣他們的單車動線，導致我常常需要回頭甚至扛車換車道！

▶ 於增上寺看東京鐵塔。

在橫濱鶴見區，我遇到了第一間大型超市，我立刻添購高山瓦斯、打火機、泡麵做好日後紮營的準備，也順便逛了複合型超市，居然連小貓、小狗、觀賞魚都有販售，這也太神奇了！在超市門口，居然有一台飲料販賣機提供免費wifi，真是太貼心，於是讓我確認地圖，傳臉書報平安，稍作休息，享用淺草老闆娘的愛心，真幸福溫暖！繼續上路，遠處出現摩天輪、帆船狀建築，似乎來到大都市，原來這裡是橫濱21，太開心了，我又抵達自己的小目的地，因此悠閒的拍照、欣賞建築物，並且尋找下一個景點——橫濱中華街及山下公園。通常在都市裡是最容易迷路的，但好在觀光區都會有旅遊指標指引觀光客，由於沒有申辦網路，這也迫使我迷路時必須開口向日本人問路，在當地人指引下，找到了中華街。中華街裡有關帝廟跟天后宮，蓋得都跟台灣一模一樣，頓時讓人想家了，趕快祈求關公、媽祖保佑我一路順利平安！在山下公園看到了橫濱塔、橫濱公園跟橫濱野球場，橫濱是一個海港，於是這裡就有一種充滿歐風混合鹹鹹海水的味道，雖然天氣不好，還是挺浪漫的！這時已

◀ 橫濱中華街，這條主要幹道禁行單車，但是繞道支線單車可行喔！

經下午五、六點了，該留宿橫濱嗎？我想還是繼續前往今天目的地——鎌倉（Kamakura）。

往鎌倉的路上，天色開始昏暗並持續下雨，由於對日本一點都沒概念，根本不知道鎌倉在山區，途中一直無法確定方向，騎得很擔心，正好遇到一位單車騎士，向他問路之後，這位好心的車友居然要帶我走，於是我們就一前一後共騎了一段路，其間他還會回頭注意我是否有跟上，真是非常やさしい（yasashi／溫柔），在分開之時，他還向我詳細的指出往鎌倉的方向，我向他握手道謝後獨自上路，心裡還在為遇到好人，快抵達目的地而開心的同時，卻也發現這一條陡峭的路越來越小條，沒有分隔線、沒有路標、幾乎沒有車輛，而且越來越陡，心裡有一種迷路的感覺，這時約莫晚上八點多……。由於下雨加上坡度非常陡，我幾乎是用牽車步行的，這時候遠方出現一間 7-11，救命恩人出現了，趕緊用 Google 定位，確定方向，果真是大迷路，再往回走的過程中也不順利，就這樣在橫濱榮區山坡路段卡了二個小時；不過，或許是在台灣喜歡爬山，對郊

日本高塔之一橫濱塔。

區夜晚還算熟悉，並不是太害怕，只是非常疲累；又或許是腦中只在想如何解決問題，就沒有時間擔心害怕了！

一直到晚上九點多，我終於抵達鎌倉！為了尋找旅館，在小巷子繞來繞去，鎌倉應該是我日本最熟悉的區域了吧！因為鎌倉鬧區不大，我在這裡幾乎將附近的巷子走了N次，才總算找到一間平價旅館，但居然沒營業，又髒又臭的我真的像足了流浪漢。之後在麥當勞享用晚餐、消夜，並且思索著下一步！晚上十一點多，看到一間高級旅館，這個價錢居然一晚要一萬五千日圓，流浪漢等級的我當然不可能留宿，於是回到了鎌倉車站想在車站窩一晚。我發現車站裡的廁所很乾淨，女廁大概有八間，異想天開的想說躲在其中一間應該沒人發現吧，這裡還有一間很大的殘障廁所，可以稍微做簡單的清潔！我心想在這裡稍微坐一下就好，休息一下就好……，結果就這樣子睡到了隔天……（後來知道日本的文化，其實這樣真的不大好，很失禮的！）

只要相信，最慘不過如此，一定會雨過會天晴的

◀ 橫濱市水溝蓋

About Traveling 行李限重報你知！

在行李限重部分，商務機票通常較寬鬆，而廉價航空對於行李重量錙銖必較，也限制尺寸大小，超重的行李可先預買超出的重量；若是到了機場才發現行李超重，臨櫃加買行李重量，這價錢相較網路購買金額是一倍以上！（PS：限重及航班，可能會有所調整，最好先上網或電話再確認喔！各家航空公司的限重均不同，對於單車打包方式也有不同規定，單車旅行基本上都是要加買行李重量的，建議訂票前先與航空公司確認！）

航空公司	行李限重（以經濟艙為例）
中華航空 CHINA AIRLINES	隨身包：輕便手提或背包一個 手提行李：限 1 件，7 公斤 托運行李：20 公斤（計重制）; 2 件（每件限重 23 公斤，計件制）
長榮航空 EVA AIR	隨身包：輕便手提或背包一個 手提行李：限 1 件，7 公斤 托運行李：不限件，總共限制 20 公斤
復興航空 TransAsia	隨身包：輕便手提或背包一個 手提行李：限 1 件，7 公斤 托運行李：不限件，總共限制 20 公斤
國泰航空 Cathay Pacific	隨身包：輕便手提或背包一個 手提行李：限 1 件，7 公斤 托運行李：不限件，總共限制 20 公斤
全日空 ANA	隨身包：輕便手提或背包一個 手提行李：限 1 件，10 公斤 托運行李：限 2 件，各 23 公斤
香草航空 Vanilla（廉航）	隨身包 + 手提：限 1 件，10 公斤 托運行李：限 1 件，20 公斤
樂桃航空 Peach（廉航）	隨身包 + 手提行李：合計 2 件，總共限制 10 公斤 托運行李：每件限重 20 公斤
捷星航空 Jetstar（廉航）	隨身包 + 手提行李：合計 2 件，總共限制 7 公斤 托運：不限件，總共限制 20 公斤

最後查詢日期：2015 年 8 月 4 日

04

颱風來襲！躲小田原城

日期：2014.7.10

行程：鐮倉→江之島→小田原

天氣：颱風天 25 度

騎乘公里數：58 公里

花費：5,316 日圓

圖為小田原城。

狐狸是稻荷神的使者。

因為睡在車站的廁所，四點多就被鳥叫聲吵醒，一方面很怕清潔人員來趕，一方面也覺得不好意思（會不會被警察抓走啊？），趕緊收拾準備離開，這兩天颱風靠近日本，今天一樣是陰雨天，但不減欣賞鎌倉的興致，清晨的鎌倉沒什麼人，於是優閒慢步在車站旁那古色古香的商店街！

雖然昨晚已經走過很多次，但是白天跟夜晚的景色可是大不同，車站出去的大馬路就有兩個「大鳥居」及「八幡宮」，沿著回頭路去找「建長寺」，清晨五點多，寺廟都還沒開門……這樣也好，鎌倉這裡可是一大堆廟、神社的！我可不想日本之行變成拜拜之旅，因為在台灣，本來就對拜拜不熱衷，安排路線選定幾個想去的神社之後，便離開了「建長寺」，往「佐助稻荷神社」及「洗錢弁天神社」前進。

在鎌倉，我認為很適合騎單車觀光，因為鎌倉每個景點都有些距離，這裡的公車只能跑某些大點，一些小神社要用走路的可會讓你走到腿痠，尤其位在山區的鎌倉可是有很多的上下坡，我對於日本住宅可以建築在如此陡的小巷常感到很吃驚！

在持續爬坡中抵達「佐助稻荷神社」，一座座紅色鳥居建在樓梯上通往神社，兩旁都有不同造型的狐狸，有些看起來很兇，而樓梯的盡頭有整片的白色小狐狸瓷器，倒是滿可愛的！如果獨自在台灣山上的廟宇也許會覺得害怕，不知道為什麼一個人在日本山上的狐狸廟，卻不覺得恐懼，大概是興奮蓋過了恐懼感吧！

一個出外人到了日本，每當我進入神社，都會表示禮貌的脫手套、洗手漱口，丟個銅板乞求旅途平安！順便一提，陰雨天在郊外就是有很多蚊子，也許下次再來的時候，會記得帶防蚊劑！洗錢弁天神社是個財神廟，進入前得先走過一道山洞，神社好像被山林包覆著，到達的時候一樣沒有遊客，沒有人教我怎麼祈福，所以錯失了發大財的洗錢祈福程序，據說在這邊洗過的錢，會加倍奉還！隨後往「德高院鎌倉大佛」前進，一樣沒開，透過門縫見了大佛，就此感到心滿意足，愉快地離開了鎌倉！

鎌倉地勢較高，下坡滑行迅速，很快的便

◀ 從門縫看到的大佛，祈求在日本的一切順利平安！

鐮倉線專屬的造型電車。

到達「鐮倉海濱公園」，看到相模灣海岸被颱風掀起的長浪，整個天空霧濛濛一片，還真是可怕，立刻錄影打算傳給親友看，透過網路、臉書讓我可以及時實況轉播！繼續沿著相模灣前進，看來颱風要來了，一定要趕緊找個避風雨的地方，雖然才想說要趕路躲颱風，還是想去江之島看看，到江之島前會經過一個車站「江之電鐮倉高校前」，這裡有一個著名的鐵軌，就是「灌籃高手」片頭曲每次出現的「鐵軌海景」，可惜沒看到，不過正好有一節造型特殊的電車經過，也算是幸運吧！

江之島（Enoshima）是相模灣上凸出的一個小島，有白色大橋梁連接，說實在的天候不佳，其實不大美麗！這種天氣在這裡，還看到好多衝浪客騎著單車架上浪板在海邊衝浪，在台灣幾乎沒看過腳踏車載浪板，江之島上有很多衝浪及風帆的俱樂部，看得出來這裡是一個度假勝地，只是天候不佳，沒看到太多遊客。

繼續前往小田原，134 號國道有很好的人車分道，以防風

來日本參觀的第一座城堡：小田原城。

林隔開海岸線，路線直人車又少，適合加速趕路，我卯足了力踩著踏板，意外就在這時發生了，一恍神單車手把勾到路旁欄杆，我整個人飛出去還前滾翻了一圈，好在有安全帽跟手套的保護而沒受傷，倒是著實吃了一驚，全身發抖！我告訴自己沒事沒事，之後要更小心，反省摔車的原因，重新拾起散落的行李，裝備後就繼續上路。

天空雲層越來越黑，邊找旅館邊慢慢前進到小田原。一到小田原（Odawara）就有一種放鬆與舒服的感覺，是這幾天前所未有的，心裡暗自想也許跟這裡有緣吧！小田原有一個小田原城，遠遠我就看到「天守閣」，這是來日本的第一個城堡，特別興奮。先經過市區繞了一圈，也順利的找到旅館，內將是一位非常客氣的婆婆，知道我是單車旅行，今天天候不佳，一直告訴我可以早一點入住，但是才中午一點，我捨不得這麼快待在房間裡，於是再去把「小田原城」逛了一下！

騎車進入小田原城公園晃了一會，遇到一位管理員伯伯，他帶我到「駐輪場」，天守閣門票三百日圓，館內的文物不可以拍照，所以更認真地看了每一樣文物，這裡收藏許多武士盔甲、武士刀、各式刀紋，頂樓是遙望台，天氣好時可以看到伊豆半島，但今天有颱風來襲視野非常朦朧。

離開小田原城的時候，時間還很早，我思考著要不要再往前推進時，居然就下起大雨，不停留也不行了，真的是跟小田原有緣吧！我冒著大雨趕快回旅館，但是又在這場豪雨之下迷了路，超級狼狽的！好不容易找到了旅館，內將婆婆跟他的女兒趕緊來接待，看到我全身溼答答，要我趕快洗澡免得著涼，婆婆還笑著說我被他們強迫去洗澡！（強迫的日文發音跟中文相似。）

這天是我第一次住在傳統日式旅館，好大的房間撲滿整片的塌塌米、一個簡單的小茶几、簡單的房間擺設、日式的公共浴室，這一切都讓我好新奇，真的好滿足，在這樣的颱風天，能這麼順利找到旅館，老天真的對我很好吧！

不灰心，好運永遠在身邊

▶ 小田原市區的家庭式旅館：田每（4,000日圓／晚），網路查無。房間內部一景。

05

箱根之險爬山日，旅人相見歡

日期：2014.7.11

行程：小田原→箱根

天氣：晴天 33 度

騎乘公里數：33 公里

花費：1,174 日圓

睡在舒服的「哆啦A夢」日式房間，居然睡到七點多才起床，離開小田原已經八點多了，今天的天氣也太好了吧！而且昨天不是颱風天嗎？萬里無雲、漂亮的藍天、熱情的太陽，充分的休息讓我很有元氣！今天是一場硬戰，知道箱根（Hakone）位在山區，於是一早就把自己餵得飽飽，準備開始今天的爬坡路程。

一路順利的抵到「箱根溫泉駅」，這裡有好多觀光客，車站有位站務員向我揮手，讓我嚇了一下（我違法了嗎？），沒想到他是關心我要騎車去哪，我按照「我的日本語 SOP」說了一次，他面露出驚訝說：「好厲害，從台灣來！」並表示他愛騎單車，也曾騎過蘆之湖，要我路上小心，雖然只是短短交談，就讓人有個好心情繼續前進！

這條山路沒有單車道又一路陡上，箱根登山公車及汽車一直在旁急駛，安全起見我就牽車步行，一直到了「塔之澤」。翻開地圖發現「塔之澤」這個地點會通往小湧谷等熱門觀光區，這不是我要走的路線，又迷路了！由這條路（國道1號）也可以到達蘆之湖，但從地圖上看來似乎比較遠，而我想走的是比較近的國道1號，居然是條禁行單車的高速公路（箱根新道），於是回頭退回小田原市郊，太陽大加上爬坡，真的又累又沮喪，同時想著對策，再找不到路那就打包上公車，或是回小田原坐電車跳過箱根，心裡還找個很好的理由，颱風剛過可能路況不好會危險，或是繞原路再往塔之澤走，但是冷靜想想旅程長達三十天，不想遇到一點阻礙就上車，我是來體驗困

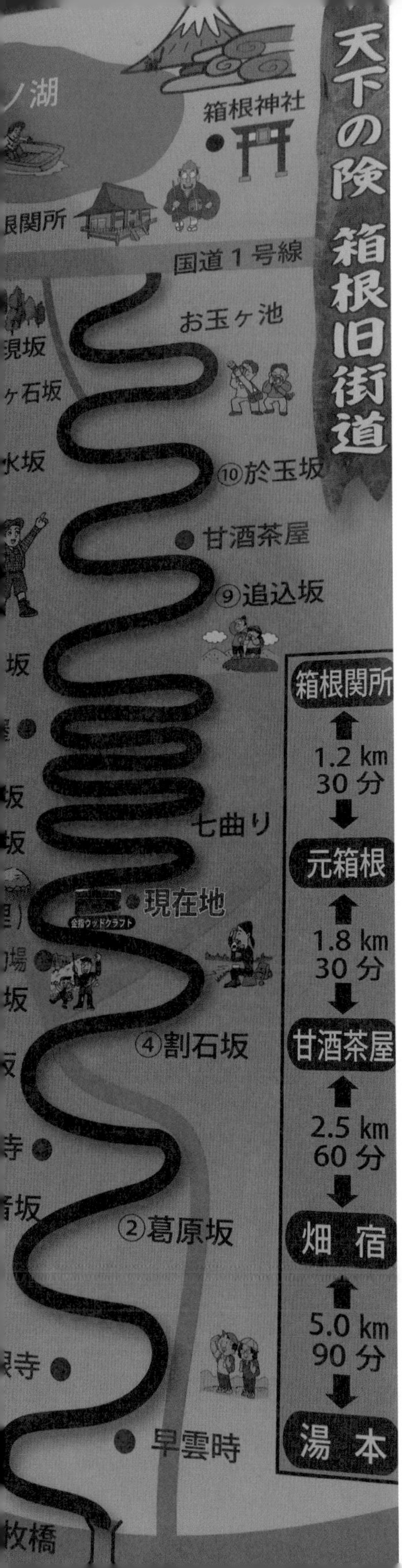

難，學習解決問題的！於是打開地圖靜下心，以方向感去推測，決定往推測的方向走，這條推測的路是一條民宅間的小路，車輛相對的少，但是山區不像市區路線複雜，山上通常就那幾條路，所以不管啦，走就對了！

繼續前進，原來這條山路是縣道732道，還好有一線「箱根登山公車」在跑，我從站牌上看到了目前所處的位置，也比較安心！這是一條非常陡的山路，幾乎無法騎乘，乾脆牽車步行，牽車爬山速度很慢，我就拿出日本50音邊走邊背，多少利用一下時間，也減少爬山的心理壓力！遠離了住宅區進入林地，一路上有數間祭拜「天狗」的神社，其中印象深刻的是一個在大陡坡轉彎旁「箱根大天狗山神社」，看得出是新穎的大廟，除了祭拜天狗，還有護子觀音。神社裡有很多彩色石雕邱比特，還有房間都堆滿了玩具（祭拜用？），是個滿特別的神社，由於禁止拍照，無法跟大家分享了！

▲ 往箱根途中的お玉ケ池。

▲ お玉ケ池指示牌。

我繼續往陡坡前進，到了寄木細工區，透過窗外看著這些工藝品，原來寄木細工是用切割後木材組裝成各種物品，是木工與藝術的結合，附近山林有專為寄木細工所種植的林木區，很有保育的觀念。在路旁看到了一個指示牌「天下之險 箱根舊街道」地圖中有七個連續的髮夾彎，其實爬到這裡真的很累了！看到這個指示牌雖然腿軟，但也不可能往回走，心裡開始計算飲用水剩餘量並且有節制的喝水，慢慢爬過七個髮夾彎，每爬過一個髮夾彎，我就站在高處俯瞰喘氣，都有種既辛苦、又驕傲的感覺，原來我可以爬上來！

經過一連串的轉彎爬坡後，身上的飲用水也喝得差不多，很幸運到了旅人休息小站，原來這裡是舊東海道旅人休息站，在這裡補充水分休憩後再繼續前進，沒多久再經過一個爬坡，欣賞了不同的美景「お玉ケ池」，翠綠森林中的一個小池水，倒映著藍天，高山的涼風輕撫，蒸發了我臉上的汗水，頓時間我覺得爬過那七個大彎，一切都是值得的！

接著看到「蘆之湖」了，抵達今天的重頭戲，原本的計畫是環

▲ 蘆之湖。

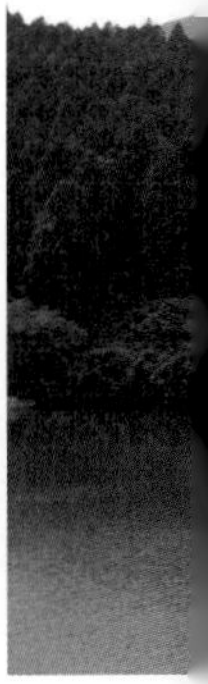

湖，但是經歷那三十公里的山路真的感覺快往生了……。到了蘆之湖已經下午二點多，於是改變行程只參觀重點，不再爬山！聽說箱根有一個在「湖裡的鳥居」，水面倒映富士山配上紅色鳥居是日本美景之一，我前往「箱根神社」尋找鳥居，箱根神社在森林裡，由兩旁的燈籠階梯引導到主堂，此處我第一次遇到台灣團旅客，一個人在異地遇到自己國家的人讓我好興奮，立刻上前打招呼，得到對方的加油鼓勵後，果然充滿了元氣，之後就找到湖水邊的「平和大鳥居」，但是水中富士山倒影，我就沒看到了，好殘念。隨後又在「箱根港」看到漫畫海賊王裡的海盜船，「箱根恩賜公園」裡佇立著可愛貓頭鷹的指示牌，有幾個景點可遙望蘆之湖美景，「箱根關所」像是一個歷史展示館，可惜已超過五點，結束展覽了！

我很喜歡箱根，這裡的森林讓人好療癒，空氣很清新，今天的陽光溫度跟一千公尺海拔的新鮮空氣、美景搭配得很完美，街道上未有過度的商業氣息，一切都剛剛好，真讓人捨不得離開！我一邊向前進一邊作紮營的打算，公園、停車場，都是我紮營的理想地點。前進沒多久還是一直爬坡，讓我走不下去，正好到達「道の駅箱根峠」，這是我遇到的第一個「道の駅」，起初不曉得道の駅是什麼，發現這有一片廣大的停車場，也有廁所及飲料販賣機，應該是設置在郊區的公路休息站，今晚我打算在這裡紮營休息。但休息站裡有遊客來來去去，不好意思太早紮營，於是就先稍作休息，一邊寫日記一邊等天黑。

不久，來了位大叔跟我打招呼，聊了一陣，我表示休息一會要繼續往前走了（其實是不敢承認要紮營），等到天色暗下來，剛剛那位大叔（Hidemizu 先生）帶著他的太太（Fusayu 太太），大概知道我的意圖，過來邀請我與他們一起共進晚餐，真是太不好意思了，但盛情難卻之下，我們就一起用餐啦！吃著道地日本人煮的拉麵，下酒菜跟啤酒，期間我們用日文、英文交談，我的日文程度基本上是零，但是很神奇的是居然能溝通，我們互相自我介紹，聊到年齡、住哪裡、工作、家裡幾個人等等。原來人跟人之間，只要你願意了解對方，願意花時間，語言真的是不問題！Hidemizu 先生一邊用英日翻譯機告訴我，他們夫妻七十幾歲了，住在沖繩與九州間的奄美大島，他們駕駛著休旅車從九

今晚的落腳處，
休息站的一景。

可愛的 Hidemizu 先生
與 Fusayu 太太。

州開始旅行，要圓「八個月環日之旅」的夢，我們會在這裡遇到是緣分，現在日本跟台灣沒有距離！這段話真的讓我好感動、好溫暖，讓我覺得眼眶濕濕的。

可愛的 Fusayu 太太興奮的打電話給他在日本的台灣朋友「陳先生」，於是我跟陳先生有一段愉快的中文對話，他向我介紹他們夫婦，也興奮的說他三年沒說過中文了，還調皮的問他的聲音像幾歲呢？我說四十幾歲嗎？讓他開心的咧！原來是位八十幾歲的陳爺爺！Fusayu 太太開心的說這晚的相遇他們夫婦、我、跟陳先生都很開心，太好了！他們熱情的邀約我及我的家人有機會去奄美大島玩，我們互相留下了住址，晚上看著他們夫婦旅行的照片，有另外一位年輕重機騎士也加入我們的對話，夜深了，他們甚至邀請我進休旅車睡覺，這晚我在他們的車旁紮營，有個幸福安全的初次露營體驗！這一夜是我在日本最美的一夜，遇到相同熱血浪漫又厲害的旅人，體驗到日本人的溫暖熱情。

不管路途多遠多難走，
只要一直前進，終究會到達目的地

About Traveling 行程規劃 1/2

自助旅行的路線規畫，決定著旅行中的質量，有一個好的路線規畫，避免錯失美麗的景點，不用慌慌張張趕閉館時間，更增加行前對於外國的熟悉度，雖然一切不可能盡善盡美，只求盡量完整。非常幸運的我們現在有 Google 地圖，可直接從網路上擷取所要的資料，你可以選擇行動上網，旅行途中隨時查詢地標，或是使用書面地圖，更方便旅行中隨時查閱！

可以帶著你的單車進行短程旅行，短短五至十天，也可以中長期三十天，甚至像個旅人騎上數月，單車就是這麼隨興方便，如何規劃路線，端看你的旅行天數、個人體力、旅行路線風格、這趟旅行的目的！

一開始我對日本不熟悉，只知道某些大都市，東京有東京鐵塔、京都是台灣人愛去的地方、二戰被丟原子彈在廣島，這些大都市是我想去的地方，在此架構下，再由書籍、網路增加日本景點！

先由大地圖看整體地理位置，再開始編排細部路線，從成田開始，依序關東、中部、近畿、中國、九州。從 Google 地圖網路上截圖，將檔案逐一整理成 word 文書檔案，編輯成自己的地圖手冊。

自製地圖的好處是可以隨著自己的喜好規劃，大都市可做更詳細的地圖，自備地圖不用擔心手機沒電、沒網路、甚至不知道地名怎麼念，一樣可以指著地圖問路，建議可留空白頁寫日記，也方便與旅人交流！但是自製地圖的缺點是，無法詳記每個小都市的地圖、無法定位、紙本地圖書增加重量、雨天更怕淋雨損壞。

（P.64 待續）

06

富士市初見富士山

日期：2014.7.12
行程：箱根→三島→
富士→靜岡
天氣：晴天 32 度
騎乘公里數：106 公里
花費：6,970 日圓（住 4,000；修車 1,482）

圖為由比街道上的漫畫人物雕像。

▲ 在旅行車旁紮營，有著美好的一夜。

第一次在日本紮營睡帳篷，「道の駅」位在公路旁，夜裡不斷有大車、重機疾駛的噪音，但白天爬山的疲勞，讓我依舊睡得很好。清晨五點，小鳥叫我起床，早上 Hidemizu 先生還對我做了揉揉眼睛的動作，表示被吵得沒睡好。Hidemizu 夫妻還想幫我準備早餐，我強調自己煮看看，第一次使用我的爐具煮了泡麵，貼心的 Fusayu 太太還抓了一把昆布幫我加菜，而他們的早餐是吐司加納豆，攪拌後的納豆夾入吐司內，好特別啊！很喜歡這對可愛的夫妻，他們對我就像對待自己的晚輩，但旅程很長，路還是要繼續向前進！

離別的時刻到了，我自備的小禮物（國旗貼紙及郵票，三仙台明信片），加上從販賣機買的飲料，一起送給他們，感謝他們昨晚的招待，沒想到 Fusayu 太太也回送我日本明信片，我向 Hidemizu 握手感謝，擁抱了可愛 Fusayu 太太，在他們加油聲下「雪チヤン（Yukichiyan），気をつけて（kiwotuskete／路上小心）」，帶著暖暖的心，繼續前進了！

昨天爬山一整天只走了三十三公里，今天計劃要認真趕路，離開

▲ 從箱根山腰俯瞰三島。

「道の駅箱根峠」沒多久，開始一路向下的大下坡，日本公路上坡有多陡，下坡就同樣是讓你騎得害怕，一路的下坡約有十五公里，不到半小時我就滑行到小城鎮——三島市（Mishima），昨晚睡在郊外沒辦法向家人報平安，到了三島市區趕緊到 7-11 上網，原本的行程計畫是到伊豆半島泡溫泉，但是昨天爬了一天的山路再加上颱風延誤時間，立刻改變行程，不去伊豆（因為伊豆在山區）而是逛逛三島後直接前往靜岡（Shizuoka）。在日本即使是小市區都會有指示牌，介紹當地景點，於是靠著指示牌到三嶋大社、白瀧公園、三島車站、樂壽圓，在白瀧公園周遭有人工水道很乾淨，有小朋友在水道裡玩水，還有一個可愛的汲水器（後來才知道是富士山雪融化的飲用水，沒喝到真可惜），在這附近走馬看花，慢慢騎晃過去，在日本快一週了，漸漸對神社免疫了……

離開三島，沿著駿河灣在國道 1 號及周圍縣道中穿梭繼續前進，騎經名水百選「柿田川湧水群」、沼津、富士，在日本聖山「富士山」周圍的靜岡縣都能看到為了日本聖山所舉辦的活動，如三島市有富士山最佳攝影景點，富士山之雪飲，富士市有富士山水溝蓋，富士山相關景點；我已經在富士山周圍兩、三天了，卻都沒見到祂的廬山真面目，直到下午三點終於在富士市遠眺富士山，這天雲層很厚，無法清楚得看到整座山，但要離開靜岡縣時，讓我看到一點山頂也算是很幸運了！

我到日本的季節正好遇上日本梅雨季，前兩天又遇到颱風，單車鏈條淋雨淋多了，這兩天單車一直出現怪聲，一路上咖咖咖騎得很不順，接著又發現前輪氣嘴斷掉，我決定要找一間單車店來進廠維修，到了富士市某間小型自行車維修店，老闆是位老爺爺，他正忙著修理手上的單車，我向他比手劃腳表示氣嘴斷掉，他重複用日文一直問我「是要讓我修嗎？是要讓我修嗎？」並且拿出一條一千日圓的內胎，我從他的態度上，感覺這似乎是很簡單的問題，於是我就在店家前面的馬路上自己試著處理看看，如果不行再交給老闆囉！事情果然比我想像中簡單，氣嘴斷掉一樣可以放氣，那麼換內胎就容易多了，但是慘劇也發生了，挖胎棒就這樣掉到水溝裡面，這也讓我學到下次修車時，慎選地點是很重要的！（就跟急救前要慎選安全環境是一樣的道理。）

▶ 白潼公園一景。汲水器的水源是由富士山的融雪而來，可以飲用的喔！

換完胎沒問題後，就繼續前進了。路上經過一個可愛的小漁村——由比，簡單整齊的小街道，有由比本鎮公園及東海道美術館，還有幾間生魚店，這裡很明顯盛產海鮮，讓我想起那晚（箱根之夜）電話中的陳先生告訴我，靜岡的鰻魚飯很有名，要我千萬不要錯過，但在由比鎮上賣的是整條鮮魚，也沒看到生魚片或小酒館之類，不過也沒關係，日本好吃的海鮮多的是！

接著往東海道前進，也就是國道1號，日本東海道是國道1號的舊名，起至東京，沿著海岸線一直到大阪，這也是我此次旅行的主要幹道，沿著國道1號我終於抵達靜岡！在靜岡的郊區，有一家複合式戶外用品專賣店，在這裡買到我所要的鏈條潤滑油及挖胎棒，也逛了最愛的戶外用品百貨，各式各樣的登山設備、衣物包包，樣式花色都比台灣多，但是價格比台灣貴上許多，看到這些貴森森的登山用品，我開始慶幸自己是台灣人，否則在日本爬山應該會破產吧！

隨著單車道的規模擴大，人潮的增加，我知道靜岡市區要到了。只要接近黃昏時刻，我就會邊騎邊找公園或旅館，同時思索著下一步。我特地繞到靜岡車站，到每一個城市看看當地車站是一種很棒的感覺，靜岡車站頗具現代感，用透明壓克力結合鋼架做成大片屋頂，旁邊有一座德川家康公銅像，沿著車站周圍找旅館，經過了靜岡花街及一整排居酒屋店家，這裡又是一個繁榮酒醉金迷的都市，好多年輕觀光客，男男女女在街上喧嘩，原來今天是假日。這晚為了找旅館又多走了十公里，每天晚上為了找旅館在市區瞎繞，這件事開始讓我很厭煩了！

於是車站前後站來回徘徊，在 7-11 網路的引導下，雖然手機有 Google 離線地圖，但對外地人來說，小路還是很難找，我在煩躁無奈之下，就近找了一間高檔旅館詢問，遇到一位超好心的型男服務員，因為旅館客滿，他居然主動幫忙打電話給附近旅店，詢問後的房價一晚都要八千日圓才因此作罷，但是他給我一張靜岡市區旅店地圖。有了當地詳細地圖，找旅店也就方便多了。從地圖上找了幾間旅店詢問（假日到處都客滿），最後找到由美餐廳旅館，一進旅館，就對餐桌上的一位小姐直接說明來意，詢問房間價錢，雞同鴨講了半天，原來她不是內將，真是太尷尬了！內將是一位老婆婆，這裡也客滿了，但老婆婆熱心的幫我打了好幾通電話找到便宜旅店，老人家還慢慢整理路線把地圖影印給我，真的很幸運耶！遇到熱心的婆婆，其實她大可不幫忙，但是她卻願意幫一個語言上難以溝通的外國人，這些事情都讓我很感動！

在婆婆準備這些事的空檔，我竭盡所能把知道的日文，比手劃腳跟那位被我誤會的小姐聊天，原來她年紀比我輕，我說 wa ta shi wa ane（我是姊姊），她聽不懂，我寫了一個「姉」（姊姊之意），她笑得可開心了，沒想到我這個台灣人還會漢字「姉」，立刻問我吃飯沒，並且拿了一個小蛋糕給我，讓我超溫暖感動的！雖然內將婆婆跟年輕小姐都不會說英文，我們還是可以簡單溝通，這個過程也是有趣的，真的非常感謝她們！最後，在她們的指引下，我去了另一間旅館（鶴美），找這間旅館也不是很順利，當中我又問了三個日本人，一直到九點半才找到鶴美旅店！鶴美旅店內將也是一位老婆婆，就叫做鶴美，我洗完澡後打算外出買晚餐，她見我要出門，好心借我

▲ 在日本旅行最愛傳統旅館。圖為一晚 4,000 日圓的鶴美旅館。

日本木屐拖鞋，於是我就踩著木屐外出了，木屐「咖咖咖」的聲音，引來對面一戶人家的注意，我示意的點頭打招呼，介紹自己是Yuki，女主人則是Yuko，結果就這樣聊起來了，直到男主人回來我才離開，能跟陌生日本人聊天是件有趣的事！

到了日本近一個禮拜，都沒打電話報平安，我在街上找了電話亭試著打國際電話，隨處晃晃買晚餐，返回旅館的時間已經快要十一點了！我一回到旅館，發現對面鄰居女主人Yuko居然端著酒杯蹲在門口，大叫「雪チャン（Yukichiyan），@#$%^&*！@#$%^&*……」，我從她的語氣猜想她應該是在擔心我一個女生不可以這麼晚回來，接著老闆娘出來，問我去哪裡？怎麼這麼晚？也是一副很擔心的樣子，真是很不好意思，我只好一直鞠躬，一直說ごめんね（gomene／對不起），わかりました（wakarimashita／我知道了）！被內將跟鄰居這樣對待，好像自己被他們當成親人，心裡充滿著溫暖感動之情，她們真的好可愛又友善，今晚受到許多日本人的幫助，因而有舒服的房間，心存感激的一個夜晚。

不可能永遠一帆風順的，重要的是你怎麼看待困難

About Traveling 行程規劃 2/2

每天的路線，先評估自己的體力，也許三十公里、五十公里、甚至一百公里，當然也可以隨性的不規劃；我是小心翼翼又貪心的人，想趁著這短短時間多看一些我所不知道的日本，因此行前路線規畫花了非常多的時間準備！路線規畫是很耗時、耗力，建議提早準備，以維持期待旅行的熱情！我在這次旅行的經驗是，寧願路線地圖多下功夫，旅行中可以隨性甚至路線的微調，而不要該用到的時候，卻沒有資訊！

針對自己喜歡的景點，安排路線！喜愛大自然的路線，常常位於郊區，郊區公路上會有道の駅可以休息紮營，在這裡通常也會提供當地的旅遊資訊！另外，在機場、市區的旅遊中心、旅館也會提供當地的旅遊訊息及地圖，非常好用，可以彌補自製地圖無法詳盡的缺點！

07 靜岡縣落魄大雨爬山

日期：2014.7.13
行程：靜岡→掛川→濱松
天氣：陰雨天 28 度
騎乘公里數：89 公里
花費：6,043 日圓
（住 4,700；門票 410）

圖為掛川城御殿內一景。

▲ 德川家康公之像。 ▲ 靜岡駿府一景。

旅行的第七天，身體疲勞慢慢浮現，睡在舒服旅館，早上都讓我捨不得起床，出發的時間也開始慢慢延後，到八點才出旅館大門！靜岡（Shizuoka）舊名為「駿府」，這裡的駿府城公園是古城遺址，就在旅館附近，與可愛的「鶴美婆婆」告別之後，我驅車前往。

「駿府城」外是護城河，河裡的錦鯉又大又肥悠然自在，在日本看到的各種鳥類、魚類好像都過得很開心。這裡雖然是舊城遺跡，公園的風格是歐風與日式的混搭，有文藝復興時代的女人銅像、歐風噴水池，也有家康公像以及舊城牆，有點奇怪，但整體看得出有用心維護，公園角落有個小小「坤櫓」可供參觀，卻要收費二百日圓！

結束了「駿府城」之旅，繼續前進，約十點多時，開始進入人煙稀少的藤枝山區，卻也在這時下起大雨，趕快找了地方稍微躲雨，但看這場雨似乎不會停止，一直卡在山上也不是辦法，於是換了裝備後，繼續在大雨中牽車前進。山路很長，雨勢不小，為了旅行而特別買的輕便膠鞋，也經不起這樣操，不到一個禮拜鞋底就磨破了，全身濕透不打緊，行李濕透重量增加，真是狼狽！

在這個山區感覺時間好漫長，整個上午幾乎都在淋雨跟爬山，在縣道 381 及 415 號上前進，途中經過一大片「日本墳場」，路上人煙稀少，心裡出現謎之音：「自己怎麼會跑到這裡來？」當人處在看似無止盡的痛苦時，腦袋就會出現防衛機制，質疑自己、找個合理藉口逃避（如同每次參加馬拉松賽事，開跑後就會質疑自己的幹麻找罪受的「心理反應」），但這次在日本旅行很開心的是，我腦袋的正面思考立刻擊潰負面小惡魔，一開始選擇如此的旅行方式，痛苦本來就是必經的，這場「苦行僧」旅行本來就是想磨練自己心志，學習一個人面對問題，順便增廣見聞，享受異國風光！這樣想之後，雨天淋雨爬山難行，一點都不難受了！

也許是我的裝備引人側目，雨天山區居然有人騎車旅行？途中有大卡車向我低聲鳴笛，用手比讚幫我加油；居民親切的問侯，得到小小的祝福鼓勵……等都會讓我很開心，其實雨中的狼狽好像也沒那麼慘，而且還有很多好人陪伴，也不孤單！在日本一個禮拜了，發現自己有點不一

路況很糟的情況：布滿雜草。

▲ 郊區路口常設的行人專用按鈕。
▼ 獨自單車旅行宛如苦行僧的修行，並不輕鬆。

樣，比較敢和日本人說話了！當初的害怕跟壓力少很多，一開始為了增加與日本人的交流，也會逼自己每天要跟十位日本人說話，這倒是很有效的方法！

其實經歷過可怕的箱根山路後，這樣的小山其實都還好，能踩就踩，踩不動就牽車，就這樣慢慢地從藤枝、島田，終於到了掛川（Kakegawa）市郊，山路總算告一段落，心裡頓時放鬆不少，也就恢復「觀光客」身分，路旁有個「事任八幡宮」，雖然只是小神社參天大樹卻不少，看來頗有歷史，小神社裡面供奉數個神社，也賣御守，是中途休息的好地方！

途中特地繞到「道の駅掛川」，找找資源（wifi）補補水，「道の駅掛川」頗有規模，周圍都有攤販，內部為大型購物中心，人潮來來往往，非常熱鬧。離開了「道の駅」，隨後在掛川市區發現一間大超市，終於在「食品量販超市」找到傳說中的打折食物，太開心啦！能享受道地美食，不用再吃微波食品了！特別的是，這間超大食品量販超市就真的只賣食物跟食品相關物品，其餘生活雜貨一點都找不到！

到了市區，街道總是有規模又乾淨，不須看指標就知道進入市中心了。這裡有掛川城，城外有處觀光服務處，有無料（免費）的足湯，但是四點多接近天守閣的結束時間，只好放棄足湯。掛川城門票四百一十日圓（包含御殿），天守閣整體都是原木，需要脫鞋進入，占地不大，文物不多，在感到有點失望的同時，我發現這裡居然有忍者！忍者會有禮貌的鞠躬招呼，但遊客和忍者拍照時，他專業的凶狠模樣還蠻嚇人的，真是超有趣！隨後，我逛到頂樓，沒想到忍者靜悄悄的出現在我身後，真是嚇人一大跳！讓我直說「すごい にんじゃ（sugoi ninnzya／好厲害忍者）！」隨後參觀了御殿，御殿是古代城主生活起居的地方，整座由原木建築打造，行走在屋內長廊上，地上鋪滿塌塌米，御殿裡有濃濃

掛川城。

▲ 掛川城內有趣的忍者。

▲ 日本盔甲。

原木及草梗味讓人很放鬆，在這種悠閒舒服的環境，總是讓人忘記時間，園區裡還有二丸茶室、美術館，整個掛川城外既清爽又舒服，同時，我也四處觀察環境評估紮營的可能性，但下雨天還是作罷吧！

繼續上路，今天預計到達濱松，這個陰雨天飄著雨，天色也黑得快，有了昨天找旅館的經驗，我決定不靠網路尋找，而是看到旅館先問了再說，有在地旅館的資源，勝過電子地圖瞎繞路更省事，果然這晚很順利！我在進入濱松市後找到一間平價旅館「明治屋」，天黑下雨便入住。第七天了，足底跟手掌開始痠痛，好累！第一次在日本的旅館住宿，不像傳統日式旅館有塌塌米，這裡就是一般商務旅館，只是空間相對台灣的迷你許多，一樣是有日本浴衣可穿，明治屋頂樓還有提供大澡堂可以使用，這晚就在溫暖的澡池裡享受著濱松市夜景泡澡紓壓，在這趟旅行中只要晚上洗個熱水澡，吃點消夜，這一切對我來說是最大的幸福跟享受！

08

單車夥伴鬧彆扭

日期：2014.7.14
行程：濱松→岡崎
天氣：陰雨轉晴天 30 度
騎乘公里數：83 公里
花費：8,444 日圓
（住 3,800；
修車 3,864）

圖為弁天島海邊。

▲ 很迷你的濱松城。

濱松（Hamamatsu）市區馬路又大又寬，是個稍具規模的都市。早上八點離開濱松明治屋，依然是陰雨天，穿好雨天裝備後，往濱松城前進。濱松城公園位在一個小高地上，不像其他在平地的公園那樣整齊明亮，我將車及行李隨邊丟在一旁，就往天守閣奔去。濱松城的天守閣小小的，看起來才兩層樓高（需收費），實在是吸引不了我，索性城外走走拍照之後，就往下個地點前進了。

不到十點，天空放晴，我再次進入東海道準備前進濱名湖。這之前我發現了「弁天神社」，只是一個小神社，但後面卻有一大片海灣（遠洲灘），海岸線上居然佇立一座「紅色鳥居」，原來這裡是弁天島海濱公園！遠方有優美的跨海大橋，岸邊有類似紮營用的木製屋簷，沙灘上有遊客在日光浴，這裡真美，舒服極了！我立刻卸下裝備，準備野炊休息片刻，在這裡用餐發呆，享受難得的慵懶，但每每當我得意忘形時，就會發生慘劇！

用完餐之後，我想將陪我征戰、搞得髒兮兮的單車牽到水源處清潔一下，移動的過程卻越來越牽不動，原來是兩條綁行李的彈力繩死

▲ 弁天島海濱公園。

死纏住飛輪，當下我真是超傻眼，欲哭無淚！因為那是自己卸完行李不把束帶收好的下場，「真是自作自受……」我邊咒罵自己邊收拾慘劇。單車經過著這幾天的折騰，飛輪又黑又髒，搞得雙手、衣服、臉都黑鴉鴉的，後輪拆下後，仍無法處理，我邊修車邊想後果：如果壞得很嚴重，再買一台或是扛著找單車行幫忙等等。

原本悠閒的午餐時光變成修車黑手時間，真是有點蠢，但還是感謝老天，讓我只花了二個小時解決這件事，也使我事後警惕，做事不要貪圖方便、隨隨便便，導致要更費力收拾後果，我真的知道錯了！

離開濱名湖周邊，朝著名古屋（Nagoya）的方向，在濱名湖周圍可以看到海灣跟內陸湖泊，景色特殊，但也要騎經很多大橋，大橋雖然是人車分離，但每座大橋長度長達一、二公里，水流湍急加上風大及橋梁本身的震動，常常騎得膽戰心驚！

昨天已經為單車鍊條上油，今天又出現另一個問題：單車發出怪聲。原因在於「踏板之間的輪軸」，輪軸似乎歪掉失衡導致踏板一轉動就有怪聲，是零件鬆脫嗎？總之，騎乘起來非常不順，怪聲也影響心情，擔心車子在路上解體，這部分要用大型的維修工具，勢必得到單車行！在日本多是大型連鎖單車店，通常位於市郊，很容易找的！

在豊橋（Toyohashi）市郊找到了單車行，單車店分為「販賣部」及「維修部」，有三位維修師傅，由於他們都不會英文，我只能用「程度趨近於零的日文」加上「比手劃腳」，盡量呈現車子的問題。師傅了解後開始檢查，原來是「輪軸的滾珠」壞了，他先問是否要換零件，滾珠五百日圓，輪軸二千日圓，我只選擇必須更換的滾珠（因為我的車平價，非必要不打算花大錢大修），順便換掉幾乎磨平的前煞車（八百日圓），這樣總共花費了三千八百六十四日圓。

▶ 小紅馬進廠維修。

原來在日本修車是以「零件費」再另加「工錢」，這個工錢視時間跟難易收費吧！師傅拆踏板花了不少時間（台灣單車跟日本的不同？），在安裝時，三位師傅還翻了「工具書」討論一下，感動的是收費小姐也沒閒著，她居然隨手幫我清潔單車，我的「小紅馬」經過這次旅行折騰變得超級髒，也弄髒師傅的手，真是不好意思。維修過程約耗時二小時，這段時間也讓我參觀了日本單車，日本單車多是主婦的通勤車，講求穩重、實用，但相對的車體也很重，跟台灣主流單車有很大差別，這兒也有很多單車配件「Made in Taiwan」，台灣果真是單車大國，真開心！

經過維修後的車子果然差很多，又順又好騎，一下子變身為「BENZ紅馬」！騎一段公路後，就順利抵到岡崎（Okazaki）。街道上有許多的銅像，造型很可愛，這幾天下來的經驗，讓我很快的找到旅館！越來越佩服自己找旅館的功力，但其實是運氣好啦！

這幾天在日本住宿的感想是旅館人情味濃厚，內將通常都有點年紀，也許環境不像旅館乾淨方便，還有個人專用衛浴及網路，但是旅館的塌塌米床鋪、公用浴池，更有濃濃日本風味！

即便是住在市區，晚上我也不大想再亂跑。進入第二週了，身體及精神開始覺得疲憊，晚上在房間看看日本電視、寫寫日記、洗完澡吃吃宵夜後，通常很快就會陷入昏迷。

About Traveling 單車準備 1/2

在一趟單車旅行中，單車將會是你一路上的好夥伴，陪著你上山下海，重要性可想而知，台灣的單車高手非常多，此處只是簡單以自己的經驗介紹給初學者。單車的合適性比價錢重要，選購適合自己的單車非常重要，每個人適合的車型高度都不相同，購買前一定要試騎，做足功課！

我自己選購單車考量點為：車型、輕量、價格，最初我打算帶著數年前環島的登山車（六千台幣）繼續征戰日本，但是登山車重達十六公斤，太重帶出國不方便，於是我選購了同廠牌的快拆式平把公路車（五千台幣），鋁合金材質，重十公斤，約在旅行前兩個月購入！在一個月的旅行途中，這台車的問題在於BB中軸耗損（踏板軸心），這與使用度有關係，其餘的問題就是輪胎破胎的小事了。

1【椅墊】長程騎乘椅墊，椅墊選擇非常重要，男女骨骼臀型不同，可依性別選擇專屬座椅。

2【車前袋】安裝車前袋，方便旅行拿取隨身小物，如皮包、相機、地圖、手機等常用物品。

3【單車貨架】單車貨架應使用固定式貨架，不建議快拆式，快拆式通常有負重極限（十公斤），負重較輕且缺乏穩定度，長途騎乘最好使用固定式貨架，才能增加騎乘安全性！

4【行李】旅行要有行李袋、馬鞍袋，軟式行李箱，較方便旅行移動；單車專用的馬鞍袋，騎乘時兩側平均負重，但不好拆卸；不管選擇何者都必須加上行李防水套，避免旅程中行李泡湯。

（P.82 待續）

09

名古屋之夜流浪記

日期：2014.7.15

行程：岡琦→名古屋

天氣：晴天 32 度

騎乘公里數：63 公里

花費：5,999 日圓
（住 4,000；
門票 510）

圖為夜晚的名古屋電視塔。

▶ 岡崎城內的龍城神社的紙娃娃戀愛御守。

早上八點離開岡崎友榮旅館，前往附近的岡崎城，買了五百一十日圓的套票（岡崎城與三河武士家康館）；岡崎是德川家康的故鄉，也成了岡崎的觀光重點，公園內有德川公銅像、衣冠塚、忠臣烈士碑，還有個整點會出現德川公跳舞的報時塔，超可愛！公園環境整齊優美，讓人覺得舒服，周遭建築還有樂能堂、五萬石藤、龍城神社。到了日本，岡崎城已經是我參觀的第五座城堡，發現自己的心情不再像看到第一座城堡那麼興奮，這就是「邊際效應」吧！

岡崎城占地不大，算是個小城，樓高五層，頂樓有個和善的管理員爺爺，主動幫忙拍照，還要我擺出許多「誇張」的姿勢，是個可愛又淘氣的老人家！幾次在城堡的經驗是，這些高齡的服務人員是工作退休後的志工，他們都很熱心，有日本人一貫的客氣禮貌！如果會日文真的可以多跟他們聊天，一定能了解更多歷史文化。

三河武士家康館讓人超驚喜的，除了歷史文物、武士盔甲，這裡還有能與觀光客互動的區域，像是武士刀、長茅「體驗區」、日式轎子及馬鞍試乘，還有盔甲帽可以試戴，真是太有趣了！我一個人在這裡玩了很久，假扮武士非常新奇！踏出家康館時，發現一位穿著武士裝的帥哥，原來這些「武士隊」是為了給觀光客更多臨場感，另人確實感受到日本對於觀光的用心！

岡崎到名古屋只有五十公里，距離不算長，於是我決定放慢速度，上午都在公園晃，中午才往名古屋前進。名古屋（Nagoya）是日本中部地區的重要城市，為日本南來北往必經的都市，有一高達五十三層樓的名古屋車站，也是今天的重頭戲之一！離開岡崎沒多久，漸漸感受到名古屋這個都市的不同，多條高架橋遮蔽天空，平面道路寬闊；為了安全，大馬路都沒有設置斑馬線，要過馬路只能走天橋，天橋貼心的設置斜坡，方便單車上下坡，這天在名古屋爬了許多座大天橋，感覺一直再爬山、下山、爬山、下山……

下午三點多，便到了名古屋的「舞鶴公園」，並在國道1號上找到旅館，真是太順利！老闆開價一晚五千三百日圓，我當下面有難色，表示抱歉要轉身離開，沒想到老闆卻叫住我，問我的

▲▼ 岡崎城的報時塔，整點會有德川家康出來跳舞喔！

名古屋著名的電視塔及 Oasis21。

預算，我們最後以四千日圓成交，挺讓人驚訝的，原來日本住宿可以殺價耶！今天實在很幸運，輕鬆找到旅館，趁天色還早去名古屋市區吧！重頭戲是車站及名古屋城，它可是日本三大名城之一，但旅館位於市郊加上中途迷路，到達名古屋城時居然閉館了，只好明日請早囉！

接著到市區尋找「名古屋車站」及「電視塔」，名古屋車站周圍大樓林立，車站本身也是五十多層的高樓，顯得非常現代感及商業化，而「電視塔」位於榮町的「中央公園」，一進榮町明顯感受到這裡是名牌專區，世界一級品牌都在這邊集合了！在中央公園稍微喘一口氣，一整排的長形公園與大馬路並列，是商業區很好的調劑，加上有個很美的電視塔，就開始幻想自己是偶像劇女主角了！

鄰近電視塔旁，有一個飛碟狀的大型圓盤建築「Oasis 21」，正好在地下室廣場有小型樂儀隊表演，吸引我牽著車在一樓廣場就直接欣賞，表演的水準算是不錯，很多民眾駐足停留觀看，沒想到表演最後的主題居然是「交通安全」！當下真的雞皮疙瘩，交通安全宣導，居然可以玩這麼大，「日本」這個國家在安全教育宣導上，可以如此下功夫跟重視，而日本民眾能欣賞到高水準的演出，真的是幸福！我一直到停留到警衛來勸導（因為禁止停車），才帶著滿滿感動離開！這時天色漸暗，回到「中央公園」捕捉夜晚的電視塔，夜晚的高塔顯得更美了；在中央公園南方有一「露天啤酒盛會」，原來是啤酒節慶，有各家啤酒公司配合活動，BBQ開放式帳篷及現場歐式鄉村風演奏，群眾圍成圈圈一起跳舞，名古屋是商業大都市，但在這裡卻多了點隨興與放鬆！

天色越來越黑，也感到有些許疲累，趕緊回旅館了。在市區周遭多繞一會，名古屋市區也有很多超大型的Pachinko、居酒屋、花街，不管在日本的大小城市，都能看到這些景緻。

沿著來時路線尋找回旅館的路，發現這條路似乎跟白天的景象大不同，更慘的是我身上沒有任何旅館的資訊，連旅館名稱都不知道，真是太大意了！一邊找路一邊想對策，是要去警察局問路（但不知道旅館名稱）？還是睡公園（但沒帶帳篷）？再找另一間旅館？早上再找？在旅途中迷路是很正常的，但若是因為自己的迷糊而迷路，讓人更懊惱！只能告訴自己要冷靜，尤其是情況惡劣時！這晚有點慘，在已經訂好旅館的情況下，我又花了很多時間找返回的路，真是大崩潰！最後花了二個小時，在九點多時終於讓我找回旅館，感謝老天，這晚也太刺激了！

旅途中的意外，總是料想不到，但這不就是旅行的樂趣嗎？

About Traveling 單車準備 2/2

5【車燈】一定要裝前後車燈，單車必備的照明系統，盡量選擇微防水的燈具，若使用反復充電的電池，就要帶充電器，但會增加行李重量，使用一般式的電池，也有隨時補給的問題！

6【護具】保命專用安全帽、手套非常必備，選擇適合的護具，減少運動傷害，增加騎乘安全度，更是你摔車時的保護罩！

7【水壺】單車配備水壺架、水壺，建議安裝二組水壺架；另外我推薦台灣「金車」出產的卡踏車水壺，便宜好用，不會發生跳瓶事件！日本雖然取水方便，在山路時，必要時準備大水壺放在行李裡方便補給！

8【里程表】單車配速專用里程表，安裝里程表可增加騎乘樂趣，也有利衡量長途旅行中體力及時間的分配！

9【維修包】一定要帶基本維修包包含簡易工具組，包括補胎膠片、挖胎棒、輕便打氣筒，前提是你一定要會使用。

10【鞋款】建議穿著硬底鞋，才能將力量完全使用在踏板上，相對節省體力的消耗；也可以穿很帥的卡鞋搭配卡踏，只是在旅行前要適應上卡、下卡，否則很容易摔車的。

10

漫遊名古屋城

日期：2014.7.16
行程：名古屋→龜山
天氣：晴天 33 度
騎乘公里數：78 公里
花費：4,195 日圓
（門票 510；小禮物 2,500）

圖為結合當地特色的電話亭（彌富特產文鳥）。

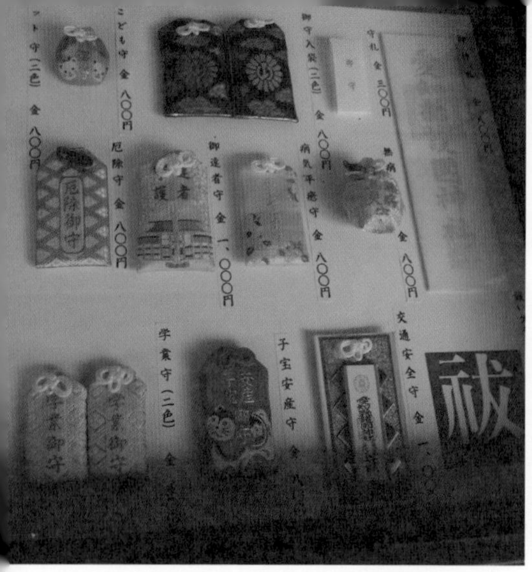

▲ 愛知縣護國神社的精美御守。

▲ 船錨造型的慰靈碑。

早晨七點多就到名古屋城，但城堡開館時間是九點，因而有許多時間到處晃晃，名古屋城附近很有文化味道，「愛知縣縣廳」是一整排紅色的舊式建築，顯得既復古又特別；在名古屋城附近有愛知縣「護國神社」（神社通常較早開門，約早上六至七點），一大早就看到神社裡的「巫女及巫子」打掃清潔，跟他們點個頭道聲早安，他們的打扮好特別，巫女是紅色裙子，巫子穿藍色褲子，上衣都是白色的！（PS：在日本，若在神社、公園或景點，沒有禁止單車進入的告示，通常我會把單車牽到神社內，找個隱密的地方停放，只要不要妨礙他人，通常不會被制止。）

愛知縣護國神社與東京所見的靖國神社相似，都是為了紀念日本軍人、因戰殉職的部隊，類似台灣的忠烈祠吧！愛知縣護國神社本堂同樣頗具規模、簡單莊重，位於主堂側邊有一處各式各樣的英雄塚慰靈碑，有飛彈、船錨造型，整體上就是莊嚴。

▲ 愛知縣縣廳。

結束神社行程，九點就準時到名古屋城排隊買票，名古屋城果然是日本三大城之一，還沒開館就有許多觀光客排隊了。名古屋城是「德川家康」下令建造的平城，有雄壯的「大天守閣」及「小天守閣」，周圍有二之丸日式庭院，占地相當廣大！日本的城堡多是在二戰之後重建，名古屋城也是，外部豪氣壯觀，但內部整體就非常現代化，還有冷氣、電梯、殘障廁所，展示廳的陳設多是結合3D聲光效果的！裡面根本不像是城堡，比較像是一個博物館！不過到處都顯示著日本的用心，像有個古代轎子，當你乘轎時，轎子裡的窗戶（電視螢幕）就會出現當時景緻，還有顛簸晃動的身歷其境之感！名古屋城內最著名的是金鯱，其為名古屋城的象徵，城內有一個同等比例的金鯱可以騎乘，也是滿有趣的！名古屋城的某層樓裝潢成古代的街道，搭配聲光效果，讓人可以體驗古代日本人一天的日常生活，頗值玩味！

本丸御殿，「丸」在日文是指一圈的意思，堡壘中的本丸指城堡最中心一圈，即主城；二之丸會與本丸隔著一條護城河，

▲ 我與名古屋城的金鯱。

▲ 名古屋城御殿，美麗的金箔繪圖。

而二之丸外圍也會有條護城河，城堡就是這樣被護城河一圈一圈包圍起來，本丸御殿同時是古代城主生活起居的地方！本丸御殿只有一層樓高，全部是木製建築，房間內的地板也全由「疊」組成（注：疊是塌塌米），最特別的是牆上原本是日式的透光紙窗，居然由金箔所取代，並在金箔上作畫，有老虎、松柏、櫻花，整個本丸御殿就像是一個藝術品！

旅行中，我的單車運動穿著常引來一些注意，要離開本丸御殿時，有位管理員大叔，問我從哪裡來？知道我是台灣人之後，居然能說上幾句中文，真是太驚喜了！他說他很喜歡台灣，來過台北，喜歡小籠包，能在城堡遇到開口說中文的日本爺爺真是超開心，但急著趕路沒能跟他多聊天，事後想想真可惜！

正式離開名古屋前，經過了熱田神宮，市區周圍居然有這麼大規模的森林，讓我有點好奇。熱田神宮非常樸素簡單，但意外的是有非常多日本人參拜，而且還是穿著西裝，白襯衫的上班族搭乘遊覽車前來。於神社的活動看板上大概知道這是間歷史悠久，約有一千九百年歲月的神社！讓我有點不可置信！（日本歷史不是才二千多年……？）

離開名古屋還是要牽車爬大天橋，不喜歡牽車爬坡啦！麻煩又費力，所幸沒一會的時間，就離開了名古屋。

進入旅行的第二週，對日本漸漸熟悉了，知道哪類大超市「俗擱大碗」，每天逛超市是最開心的時間，中午還有「熱騰騰特價便當」，不用再吃7-11的微波食品，缺點一樣是沒有位置用餐，這天我躲在天橋下「單車駐輪場」，沒想到……這個簡單的停車場居然還有管理員，只好先主動向管理員打個招呼すみません（sumimasem／對不起），他回了いいえ（iie／沒關係），我才放心的用餐。

不斷的騎乘，一路上的公路又長又遠，雙腳踩著踏板也踩得很習慣了，微風輕吹望著美景，只要不發生「迷路、趕時間、肚子餓、疲累」這四件事，踩單車真的很舒服，其實單車旅行大部分時間就都是在騎車，一天好幾個小時都在單車上，要學會自己找樂子，幸好日本

旅途一景。

馬路有很多可愛的「水溝蓋」，各個城市有自己特色的水溝蓋，還有彩色版！水溝蓋一事讓我聯想到日本電玩裡常出現的「收集」小遊戲，有特別版跟隱藏版，所以我也在公路上玩起水溝蓋收集遊戲，一路騎下來也是騎得頗忙碌的！

這天下午沿國道1號，經過彌富、桑名、四日市，一直到了龜山，這段路幾乎沒特別停留。天色漸黑便覺得累、眼睛痠、四肢痠痛，在龜山市「東町」有個小型公園，首先觀察地形，發現周圍是住家型商店，沒有居酒屋跟電玩店，街頭有kōban（派出所），街尾是學校，很單純的地區，純樸小鎮的公園非常適合紮營，決定今天就睡在龜山（Kameyama）。

今晚是我首次一個人紮營，不像上一次在「道の駅」有Hidemizu夫妻陪伴，說實在心裡感到恐懼，怕被趕、怕有壞人、怕有蛇……怕東怕西，但怕歸怕，這一切還是要面對，畢竟都來到這裡了，做了這樣的決定！

待我逐漸準備好一切，到殘障廁所簡單擦澡，靠著手電筒照明，一個人搭好帳篷、躺著休息時，心情慢慢平靜下來，也能逐漸享受這片黑暗及蟲鳴，想像總是比實際上可怕很多。

旅行讓我思考並學會「人生的一成不變」該如何愉快面對

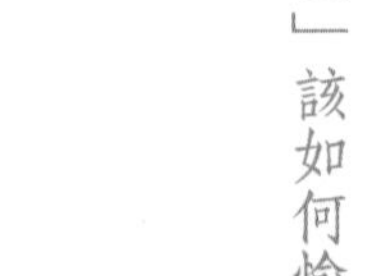

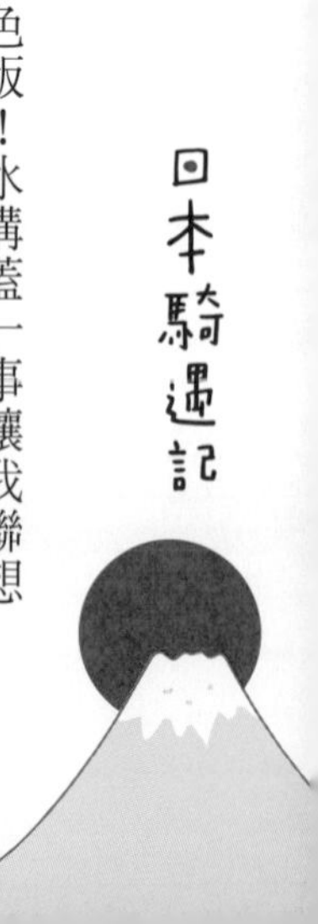

11

與好友在京都見面

日期：2014.7.17
行程：龜山→甲賀→草津→京都
天氣：晴天 35 度
騎乘公里數：101 公里

花費：11,840 日圓
（住 5,000；喝到飽 1,000；燒烤 3,000；Pachinko1,000）

圖為京都塔。

第一次獨自在公園睡帳篷，意外的睡得很好，早上五點多被鳥叫聲吵醒，在日本的第二個禮拜了，習慣了（也喜歡）每天早上都聽到很多吵喳的鳥叫聲；一個人默默的拔營煮早餐，順便想想待會路線，一個人也能忙碌充實！今天是旅程中的大日子，我最好的朋友Roni要從台灣來看我，而她也早就幫我訂好旅館，我們相約下午在京都的背包客旅舍見面，所以我好興奮期待，為了多爭取一些時間與她見面，我要加緊腳步！

離開龜山沒多久，我沿著國道1號往京都（Kyoto）的方向持續前進，看見前方出現整片山林，真是讓我苦笑不得（OS：今天要趕路一百公里，沒想到又是山路……），加上這幾天沒下雨，天氣越來越炎熱，一大早就三十度了，猜想中午應該會飆破三十五度，整個上午我不敢停下步伐，盡量壓縮上午的時間來換取炎熱午後的休息。

所幸上午路途的景色都是山林與農地，並沒有什麼特殊的景點，讓我可以專心趕路，一直到十點真是熱到受不了，這時候已

公園紮營一景。

經三十五度了吧，說真的在這種炎熱的天氣，爬坡上山真的不是一件好玩的事！

在近畿區的道の駅あいの土山稍微休息補給，休息站通常會提供免費 wifi，我就靠在大門旁上網休息，這時有位大叔對我很好奇，請我進去吹冷氣，說外面太熱「あついあつい」（atsui／熱）！大叔都這樣說了，恭敬不如從命，大叔很熱情的引導，要我休息一下，我則向他表明身分原由，他用超驚訝的表情直說「へぇ～すごい」（hee～sugoi／嘿～好厲害），並帶我到點餐機前說「service, service」想要請吃飯，我急忙說「まって」（matte／等一下），趕緊到單車拿自己的錢包跟護照，也因為這舉動大叔還言重告誡我，一個人旅行要好好注意自己的錢包跟護照，太危險了。第一次在點餐機點餐，五十種套點組合，超難選擇的，因為每個看起來都好好吃，重點是日文看不懂，好在我有日本大叔幫忙！點餐後，要先將餐券交給櫃臺小姐，這也是大叔教導的，很開心有人陪我吃飯，也是旅行中第一次上館子。我點的烏龍麵跟牛丼飯都超美味，大叔幫我倒冰水、收餐盤，還請吃冰淇淋，接著又熱情的帶

◀ 商店門口擺放的招福飾品。

往京者的寬闊車道。
單車旅人的幸福很簡單，
只要有一條好騎的道路，
就能開心一整天！

著我逛休息站，遇到日本人就向對方說「這位是台灣人從成田騎單車到這裡，好厲害！」真是可愛又熱情的大叔！

在日本的兩個禮拜，一直覺得很幸運，總是遇到好人，對我這個台灣人這麼好，每當在旅程中感到痛苦的時候，總會出現讓我忘記痛苦的人、事、物，永遠都別太早絕望吧！這一次的旅行，讓我深刻體驗到旅行就像是人生的縮影，一樣是痛苦與快樂交織著，永遠抱著「open mind」的心情、不設限，在下一個轉角就會有好事發生！

與大叔握手告別之後，我繼續在炎熱的天氣下騎乘，因為遇見了大叔，炎熱的天氣對我好像沒那麼痛苦了，充滿元氣加速通過甲賀市、草津市，轉眼間已經到了京都外圍，卻沒想到京都居然躲在山裡面，眼看就快到京都，卻出現一座座小山，爬坡真的讓我踩到很想吐，但也只能硬著頭皮趕快前進！

跨過幾個小山頭終於抵達京都，我從五条區進入京都，京都也像其他大都市，又大又筆直的馬路，但京都街上有種明顯的灰色調，也不像其他都市有很多高樓大廈，果然是古都，現在已經是下午四點，

◀ 好吃的套餐，660 日圓。

Roni 已經在中京二条的旅舍等我了，待會就要見面啦！

PS：青年旅舍（Hostel）價格較低廉，是上下舖的多人房，擁有一般家庭的基本設備，有廚房、客廳、冰箱等家電，也提供咖啡、熱茶，大多可以免費使用這些設備；有交誼廳，可以跟各國的朋友交流，也是旅行不錯的選擇！

一想到要與好友見面心情太 high，在這節骨眼又迷路往反方向繞到車站。才發現京都車站是個非常現代化的建築，有著像是國際品牌名店的外觀，與舊風華的京都很不搭配。車站周圍還有知名地標京都塔，我持續在中京、下京、上京繞，直到真的無法找到旅館，都快崩潰了。最後還是靠著 7-11 wifi 上網與 Roni 取得聯繫，總算在二条車站見面（京都的 7-11 特別少，全家較常見）！

見到好友 Roni 從台灣飛來，真的好開心，好神奇的感覺，我們怎麼會在日本的車站見面！而我好像受了委屈的小孩，忍住眼淚眼眶都紅了，這幾天探險的壓力，在見到最好的朋友的瞬間，好像都釋放了，有好朋友真好，這種反應連我自己都意想不到！我們　起散步回到二条的旅舍，途中我向Roni滔滔不絕地訴說這兩個禮拜日本的奇幻旅程。回到旅舍，也是此次旅行中頭一回來到旅舍，這裡是八人一起的上下鋪房間，而且全客滿了，京都旅遊果然很夯！

稍作休息之後，晚上我們步行至京都四条大宮地鐵站旁「魚民」用餐，第一次體驗居酒屋文化「飲之放題」，一千日圓酒品飲料無限暢飲（種類好多，這也提供非酒精飲品），我最愛梅酒跟奶酒，在這裡喝含酒飲品真的超幸福，回到台灣以後一直念念不忘！

我跟Roni邊醉邊回旅舍，沿途經過パチンコ（Pachinko／柏青哥），曾熱愛電玩的我，來到日本一直很想去看看Pachinko，但是礙於一個人旅行，那裡環境較複雜，女生獨自旅行總是不太方便；今晚終於有機會開開眼界，櫃臺小姐知道我們是台灣旅客，還派了「專員服務」教我們操作，將一千紙鈔置入機台收銀孔（最低消面額是千圓），掉出一些鋼珠，再扭轉遊戲機的輪軸使鋼珠彈跳，再完全不知道什麼情況之下遊戲就結束了，超傻眼，不到五分鐘耶！一千日圓就燒完了！剛剛發生了什麼事？

這天因為Roni到來，我有好多新體驗，大口吃肉喝酒、柏青哥，今晚有這麼悠閒的夜晚，對單車旅行的我，是如此奢侈及享受，我好幸福……

異鄉逢故人，難以忘記的感動

12

到京都一定要穿浴衣的啊！

日期：2014.7.18

行程：京都一日遊

天氣：晴天 35 度

騎乘公里數：0 公里

花費：15,856 日圓，大燒錢的一天（住 5,000；浴衣 8,500；門票 1,600；交通費 760；紀念品 2,200）

圖為清水寺。

▲ 金閣寺。

▲ 二条城的唐門。

Roni的到來，讓我在日本的苦行僧旅行有了偷懶的理由，不用再騎單車趕行程及瘋狂迷路，昨晚的狂歡讓我們直到早上九點才出發，有好友一起的旅行就是放鬆又隨興，不需要特別規劃行程，我們打算在京都輕鬆行。而京都（Kyoto）也是我在日本旅行以來，充滿最多觀光客的城市，街道上可見旅人拖著行李，公車站牌擠滿了遊客，隨處都有各國觀光客穿著和服逛街。

我們首先散步到附近的二条城，二条城是江戶時代「德川家康」所建築的平城，屬於世界遺跡之一（京都文化財產列入世界遺跡，共有十七個），這裡的門票是六百日圓，由東大手門進入後就可以看到很中國風的唐門，樑柱鑲有雕刻精細金鎖片裝飾，根本就是個藝術品，超級富麗堂皇的，有別於我之前看到的樸素銅門。

穿過「唐門」就是二条城的主角「二之丸御殿」，御殿特色是天花板裝飾及牆壁上的圖作，繪上虎豹、花紋松柏等，完全展現日本建築繪畫工藝！當你行走在御殿時，會發出「嘰嘰嘰」的木製長廊，原來是城主預防暗殺的設計。（御殿不准觀光客拍照，所以無法分享照片了）出了御殿，沿著二之丸庭園散步，是日式風格庭園，有假山、小湖以及整齊的松樹，盡頭是本丸御殿，而本丸御殿要預約才可參觀。（PS：為了文物保存，日本許多觀光景點不准拍照，避免閃光傷害，但這倒也是一種推動觀光的好方法，若你想再來看藝術品，就請你親自上門囉！）

離開二条城，我們要搭公車去金閣寺，第一次坐公車一點也不難耶！本來還擔心該在哪裡下車？好在京都公車非常防呆，每個站牌都標示得很清楚，觀光區公車班次也多，不會搞得很緊張匆忙，我們在聽不懂日文的情況下，還是可以順利抵達金閣寺，在公車內前方螢幕會提醒下幾站目的地，讓你有充裕的時間準備，日本公車單趟收費一百七十日圓！

順便一提，京都有專門跑大景點的觀光公車，旅客都能輕鬆漫遊京都，非常貼心！京都公車推出「one way ticket」一日券五百日圓，一日內無限次搭乘，當你要下車時，向司機告知要「one way ticket」，就可以在公車上直接購買，往後下車前出示即可。（但不是每個都市都有喔！）

金閣寺也是「京都文化財產」（世界遺產之一），建於「室町幕府」時期，外觀由金箔裝飾，屋頂上有隻金鳳凰象徵吉祥，是當時藝術建築的大作，現在看到的金閣寺是重建的，因為曾被一位「瘋僧人」燒光，據說是忌妒金閣寺的美！是不是很「瘋」！金閣寺門票樣式是御守造型，有

▲ 體驗和服之美。

▲ 認真地挑選和服中。

這張特別的門票特別興奮，這裡果然吸引大批觀光客，想在最佳景點與金閣寺合照還要排隊，而金閣寺只能遠觀（因為被燒過的歷史嗎？），只能在湖外遠遠欣賞！這裡的庭園也非常有趣，有個「白蛇之塚」，其由來居然是中國白蛇傳，還有個「不動堂」在東北邊，供俸不動明王。

逛完金閣寺後，我們搭乘地鐵前往京都車站，日本的地鐵搭乘方式也是很簡單！購買車票前，在看板上先找到你要前往的站名及票價，就可以投錢買票，這張票會標注所在地點及金額，即便你是第一次坐地鐵都能輕鬆上手，觀光大國日本果然很厲害！特地再到車站是因為從大站坐公車，可以快速前往清水寺，也順便到京都車站找夜巴士的資訊！（但是沒看到夜巴士線索。）

清水寺一樣滿滿都是人，充滿觀光的氛圍，先經過寺外的商店街，商店街是舊街道，整排日式老房子非常復古，尤其是這裡有好多穿著日本和服的女孩，更顯出日本的古典及浪漫！

在清水寺「岡本」和服，你可以選擇租或買「和服着物」（きもの／kimono），「浴衣」（ゆかた／yukata），再加上髮型費，低消基本就要四千日圓；穿浴衣是我來日本一直很想要嘗試的小願望，Roni就配合我也買了件美麗的浴衣當作紀念，我總花費了八千五百日圓，換裝加上妝髮也要一小時，但是成果非常滿意，尤其服務小姐都非常溫柔貼心！我們穿著美麗的浴衣，偽裝成日本妹，準備參觀清水寺囉！

音羽山清水寺創建於西元八世紀，供俸千手觀音，是座歷史悠久的古蹟，本寺最讓人熟知的是「清水舞台」，因為清水寺位在山腰上，本堂往外延伸的清水舞台底下就是懸崖，由巨大原木支撐舞台，沒有鋼筋水泥，真是古代的偉大建築！寺裡的內部陳設能看出時空轉移，這裡處處都是藝術，任何一個小物都吸引我們的目光。而我在京都最喜歡的地方，就是「清水寺」，喜歡自然的風景搭配舊時代建築，古色古香居高臨下，讓人心胸都開闊了，幻想起以前的日本呢！

沿著參訪路線，到了寺裡的地主神社，主祀「戀愛之神」，很多穿著浴衣的女孩在這祈求戀愛順利，御手洗的竹勺子背面都印著「戀」、「福」、「良人」等等，就挑選一個我想祈求的來洗手參拜參拜吧！

◀ 戀愛占卜石。

▲ 祇園祭一景。

這裡有兩個「戀愛占卜石」，閉眼從大石走向另外一塊大石，妳的祈求就會成功，這些事完全在我破壞一位少女的占卜後才知道……。當時有位少女走路搖搖晃晃，手還扶著頭，一副不舒服要暈倒的樣子，雖然身在日本，但依舊不變雞婆的本性，我趕緊上前詢問妳還好嗎？Roni在我問她的同一刻也才發現這件事（冏），但一切都來不及了！因為這件很瞎的糗事，我們也不便再玩占卜遊戲，趕緊離開了。

我們倆就穿著浴衣在清水寺漫步，愜意的聊天拍照，商店街買買紀念品，當個真正的觀光客，這種感覺真的非常爽！當下我們決定以浴衣的裝扮一直狂歡到午夜，穿著不方便的浴衣，小跑步趕公車，回到二条的旅舍，我們倆的裝扮讓旅舍的大家驚喜，美麗老闆娘要求幫我們拍照，說要上傳到旅館網站。

休息片刻之後，再衝到祇園區尋找花見小路為了看看日本藝妓妹。從四条大京到三条區，公車上都能聽到震耳欲聾的樂音，原來今晚有祇園祭活動，真是太幸運了，我們立馬跳下車參觀祭典活動，也意外發現這裡是京都最精華的區域，兩旁都是百貨商場、國際名牌專櫃，雖然天已經黑了，但燈火通明，街道上都是遊客，這一區的小巷子充斥著居酒屋、燒烤店，每一間店都很有風格。（也在這裡遇到怪怪的酒鬼搭訕，不要理他快走就是了！）

接著前往八坂神社，神社因祇園祭緣故，夜裡仍有不少遊客，神社擺設祭典使用的白燈籠，對於台灣來的我們，這整片的白燈籠看起來還真是怪怪的，白色對於日本可是純淨的代表。終於找到花見小路，可惜太晚了，我們並沒有遇見日本藝妓，但看得出來這裡有很多高級居酒屋。回到四条大京已經九點半了，這兩個女人依舊跑到「魚民」來個啤酒暢飲！導致回到旅館太晚不能洗澡，簡單梳洗就睡覺了。旅行讓我耐得住髒，喝了酒，晚上睡得超好。

PS：日本部分旅館、旅舍，由於不是獨立個人衛浴，千萬注意旅館夜裡門禁時間以及洗澡時間，否則就只能隔日請早了。

一個人有一個人的快樂，兩個人有不同的幸福

About Traveling 單車上飛機

單車上飛機是一個煩人的問題，一般人很少有這個經驗，單車出國要另外收運費？要用什麼打包方式？以下是我整理的資料。

「單車登機」有兩種，可以使用單車專用紙盒，或是單車攜車袋。各大車行都有單車紙箱可購買，紙盒的保護性較佳，但缺點是無法隨身攜帶；也可以使用單車攜車袋，攜車袋價格約為一千五百元台幣，方便你旅程中移動，但一個攜車袋重達一公斤以上且保護性差，紙箱與單車各有利弊，端看你的考量！我選擇的是攜車袋，原因是我在意移動便利性，萬一旅途當中體力不支或發生意外，我可以隨時包車上鐵路，重點是我的車便宜，摔傷了也不心疼，使用平價單車旅行還有一個優點是不怕被偷，旅程中不用提心吊膽！

另外，各家航空公司對於單車登機的要求也不大相同，例如樂桃航空只接受紙箱包裝，捷星及香草航空則不限制，但是以攜車袋登機前，地勤會讓你填寫損壞賠償切結書，表示單車的損壞，航空公司不負責！

如果真的不想這麼麻煩，煩惱單車打包的瑣事，你也可以考慮在日本直接購車，日本有許多大規模的連鎖車店，你可以在此選購旅行單車，但是缺點就是無法立刻習慣車性且日本物價較高，單車也較昂貴！

包裝方式	保護性	價格（台幣）	移動便利	攜帶性	增加行李重量
紙箱	佳	便宜	不能攜帶	差	無
攜車袋	弱	1,500 左右	佳	佳（有肩背提袋）	1 公斤以上

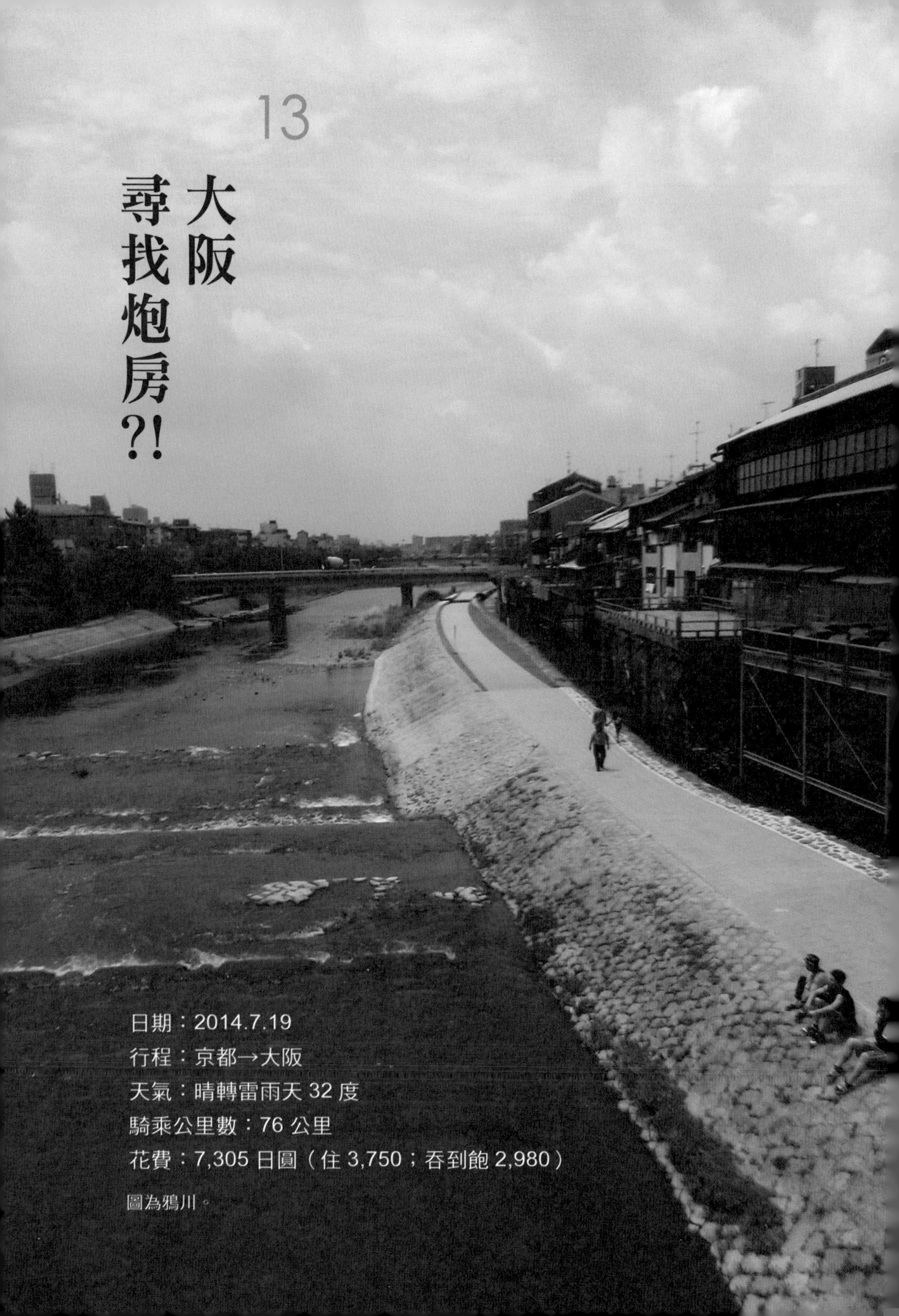

13

大阪 尋找炮房?!

日期：2014.7.19

行程：京都→大阪

天氣：晴轉雷雨天 32 度

騎乘公里數：76 公里

花費：7,305 日圓（住 3,750；吞到飽 2,980）

圖為鴉川。

經歷了京都之旅，太開心愜意，原本的計畫是繞到奈良看看野生小鹿，但是時間有限，好姊妹在一起時間永遠不夠用，況且昨天穿上了「浴衣」（ゆかた／yukata）要趕行程真的有點難，索性就決定悠閒一點，這天早上騎單車載著 Roni 在二条買早餐，我們倆個都非常興奮（尤其是後座的 Roni），我的小紅馬沒載過人，何況又是在日本，這種玩法超級有趣，真的是漫遊日本的感覺，讓我們摸到十點才從旅館出發。

今天我們將要前進到大阪（Osaka），京都到大阪約四十公里，討論之後我們決定一個坐火車一個騎單車前往大阪車站集合，旅館老闆熱心建議我可以沿著京都的河濱單車道順著河流騎到大阪，還幫我下載了離線版 APP 日本都市地圖，於是我們就分別各自上路。

這是單車道嗎？！

一出發就找不到河濱道路，在二条、四条周圍瞎晃鬼打牆，打開旅館老闆安裝的APP，才發現離線地圖的標注全是英文羅馬拼音，看的懂就有鬼了，加上有趕路的壓力，更容易判斷錯誤，一整個大崩潰！大概迷路長達一小時之久，才總算找到這條「該死的河濱單車道」，原來這條河就是京都有名的鴨川（Kamogawa），昨晚最熱鬧的祇園就在這裡，我就沿著鴨川河濱道路騎乘順利地離開了京都。（以為能就這樣順利騎下去……）

迷路這件事不是在我找到鴨川之後就結束，而是開始更可怕的瘋狂大亂走。在河濱單車道也是問題不斷，順著路居然騎到無人的小徑，兩旁的草長的比我還要高，原來路線在河堤上，只好搬行李、扛車上河堤步道重新來過；單車道雖然比公路安全，路上沒有紅綠燈，超級順暢，但整路完全沒有路標，沿著河濱彎彎曲曲距離更長，非當地人真的很容易搞錯方向，我在八幡市河道匯集處完全迷失方向，還好河濱單車道騎士不少，在車友引導之下才順利到達大阪，原本四十公里的路程，硬生生的騎了七十公里，真是無言又無奈。

到了大阪，天氣驟變突然下起大雷雨，我跟Roni約定在大阪車站的時間早就過了，真是急死人了！於是在下著大雨的形況下，還是努力穿雨衣推車向前進，七月是日本梅雨季節，上禮拜是小雨不斷，這禮拜轉而下起雷陣雨，在夏天旅行就要有「一下淋雨，一下被烤乾」的心理準備！

抵達大阪車站，這裡好誇張，完全能感受這是一座大城市，充滿年輕活力！大樓跟人潮是前所未見，光是大阪車站還有分「客運車站大樓」跟「JR 大樓」，附近又有好幾棟百貨連結在一起，形成整區環繞的車站百貨商圈，而人潮從四面八方不斷湧出，整個眼花撩亂，要找路與 Roni 集合真的很困難。有些路段又是禁行單車，只好在人行道人擠人，一直到下午四點我們才集合，集合之後我們趕緊找旅館下榻，往東梅田方向離開了大阪車站。

東梅田這區旅館密度特別高，我們打算在這區落腳，但原來這裡是風化區！好多「愛的旅店」及「無料案內所」（特種行業），而且這區的平價旅館（約七千至九千日圓）大客滿，我們足足走了三小時，才找到旅館。

這個過程中也算是認識另外一面的日本，這區的街道顯得較髒亂，通常「無料案內所」外會有一名男性雇員招攬男客人，可能是選定小姐後就到旅館？旅館內有七、八對的男女拿著號碼牌，坐在小椅子等待房間，挺特別的景象，男女間看起來年紀都相差很大，女生也是特別打扮，兩個人看起來很生疏，我跟 Roni 兩個一副觀光客的樣子帶著大包小包，很輕鬆自然的樣子，反而在旅館裡很突兀，在這種專門提供特種行業休息的旅館（炮房），讓我們大開眼界。

進入房間稍微整理後，再度要出門逛街，我們卻被房門鎖住，非常詭異的房間，我們對這個門鎖研究半天，差點拆掉整個門把，才知道居然是中控系統，需要打電話到櫃臺請他們開門，第一次住到這種進出都要報備，沒有鑰匙的旅館，是個很特別的體驗！

▲▼ 熱鬧非凡的露天神社祭典。

晚上七點，我繼續騎著單車載Roni輕鬆愜意到車站周圍的商店街，打算進行「大口喝酒，大口吃肉」的晚宴。我們超幸運的在此地遇到「露天神社」天神祭，不論大人小孩都穿上祭典服飾，青年們扛著一個大的日式轎子，轎子上有領隊呼口號，整個街上充滿著歡樂氣氛，連續兩天都遇到祭典，也真的很幸運！順道參觀「露天神社」，神社中央架了舞台，有祭典舞蹈音樂，周邊掛滿白燈籠，老老小小都一起參與活動，很有節慶味道。

▲ 整條街的居酒屋。

PS：順便一提，日本的宗教儀式中，都沒有看到鞭炮、紙錢或大量焚香，乾淨又環保，很值得學習！

晚餐時間，我們選定了一間吞之放題的居酒屋（吃跟喝到飽均一價），養生掛的 Roni 體諒我單車旅行消耗體力，要幫我好好補一下，今晚總算達成我到日本另一個心願，痛快的吃吃喝喝，但在滿滿的「日文」菜單上，要點菜也不是簡單的事，隨意點菜有驚喜，也滿好玩的！（日本居酒屋似乎沒有像台灣室內禁菸的規定，所以進入之前要有吸二手菸的心理準備。）

今天是 Roni 在日本的最後一晚，有 Roni 的陪伴特別讓人安心，在炮房被鎖也不怕。這晚我們還是酒酣耳熱地回到旅館，依舊是幸福平安好好睡的一夜！

記錄我跟 Roni 的幸福回憶

14 好友要回台灣了……

日期：2014.7.20
行程：大阪→尼崎→甲子園→神戶
天氣：陰天 + 雷陣雨 30 度
騎乘公里數：50 公里
花費：3,968 日圓
（門票 1,300；車票 590；墨鏡 1,200）

圖為神戶夜景。

大阪城。

一早發現相機壞了，真是不開心。旅行中相機免不了摔傷又泡水，果然支撐不住，而且今天也是Roni回台灣的日子，蒙上一點點離愁，我們似乎沒前兩天這麼high，特地早起七點多離開旅館，想好好把握上午的時間去參觀日本三大城之一「大阪城」，我們從東梅田地鐵站搭地鐵到大阪城公園（森之宮站），單車「小紅馬」就丟在單車收費駐輪場休息！

大阪城公園腹地廣大，不虧是日本名城，果然有名城的氣度，光是公園到天守閣也要走上三十分鐘，大阪城是戰國三雄「豐臣秀吉」所建築的平城，天守閣規模與名古屋城差不多，大阪的人口數是日本都市的前三大，僅次於東京，橫濱！所以有許多民眾在公園慢跑、運動，還有劍道社練習，是一座很有生氣、活力的公園。

天守閣建築在高台上，要去天守閣時，突然下了一場大雷雨，破壞了早上的寧靜，夏天的雷陣雨總是讓人無法捉摸，但我們欣賞城堡的興奮依舊不變。大阪城內部展場與名古屋城好相似，整個很現代化，裡面一樣有電梯、冷氣，及以3D雷射投影展示，館內禁止拍照，除了專區，有數套盔甲提供試穿，但試穿一套收費三百日圓，名城果然名聲大，盔甲服飾可以賺取觀光財，旅程當中經過的幾個小城，你能隨意穿隨意玩，我喜歡小城的簡單，親民多了！Roni選了一套很「over」的戰袍，而我就當她刀下的戰俘，我們就這樣玩得可開心了。其實對外國觀光客，在城堡裡有這些實質互動真的好有趣，不懂日本歷史的外國人，根本是有看沒有懂，起碼有這些衣服過過乾癮。

結束大阪城之旅已經快十一點了，Roni該準備回關西機場，我們從「天滿橋站」坐地鐵回東梅田，回程有時間壓力，急著趕路又在地鐵車站小迷路，很怕趕不上一點的飛機。到了車站，真的要分開了，天啊～我好想哭，很捨不得Roni回去，甚至自己也想回去，好想跟她一起上飛機回家，想到Roni離開我就要繼續一個人的單車旅行，接下來的兩個禮拜……，那時候真的有一種好苦、好怕、好想回家的感覺。跟Roni掉淚擁抱之後，目送她離開。情緒平復後，對於這樣的反應自己也嚇一跳，這樣三天舒服的旅行，真的才像是「度假」，看到自己很親密的人要回台灣，喚起我心裡面的聲音，一個人異國單車旅行心裡要承受的壓力以及體力上的負荷，旅途中我總是理性面對這些壓力，想辦法克服，但在好友的陪伴，真的讓我首度想要回台灣，有這樣的反應及情緒，也算是釋放了壓力。（PS：Roni上車前還把相機留給我，幫我帶部分行李回台灣，讓我減輕重量，我非常感謝我的好友；也因為有Roni，我嘗試了Pachinko、日本浴衣、吞之放題、日本詭異炮房、單車雙載，讓我疲累的身體有個小假期，否則這些活動是我一個人就直接省略的行程，最重要的是我們擁有共同美好的回憶。）

▲ 就算沒有賽事，依然可以參觀甲子園歷史館。

離開東梅田車站，準備一個人上路時，發生件小插曲，因為我把行李隨意放在路旁準備領取單車，也沒注意行李是放在「行人引導磚」上，差點害了一位日本盲胞跌倒，真的很不好意思，以後出國要特別注意！

在停車場付費取車，還好收費機很容易操作，我取了車後，才開始規劃路線，因為這幾天真的過得太爽，Roni離開之後心情有些失落，加上天氣不好，大都市難騎車又容易迷路，就沒有打算在大阪多停留，準備前進到神戶（Kobe）。從大阪車站沿著國道2號前往神戶，在繁榮的大阪車站，居然有自轉車專用電梯可上下天橋，日本真的是對單車很友善的國家，路線規畫一定會考量單車行人；騎車時，總能發現日本細心的地方，讓你從心裡發出讚嘆；在西梅田區，有許多新穎的建築及很現代的大樓街景，這裡應該是高級商業區，大都市裡的建築大樓就是最美的風景，漫步在這裡的感覺很不賴（心裡會出現OS：我在世界的中心）！

◀ 阪神大地震發生時刻的鐘塔。

離開那誇張繁榮的大阪，過了「淀川」大橋就到尼崎小市，在這裡又開始下起大雷雨，好險這裡有條「尼崎商店街」，日本商店街通常都有屋頂遮蔽，在這裡逛不怕日晒雨淋，這場狂風大雨長達二個小時，閃電打雷非常誇張，我慶幸Roni離開了，不然得要一起淋雨流浪！逛了整排商店街後，我累到席地而坐寫寫日記、看地圖、趴著小瞇一下，整個流浪漢style，雖然如此，也不免覺得自己很幸運有個遮風避雨之所！

雨勢漸小就繼續趕路，沒有沿著國道2號前往神戶，特地繞道走支線，是為了到野球聖地「甲子園」朝聖，「甲子園區」的郵局招牌都結合棒球，甲子園棒球場外觀較有設計（比橫濱棒球場漂亮很多），愛棒球的朋友還可以參觀甲子園歷史館，這天並沒有球賽，但仍有慕名而來的觀光客。

沿著縣道42號前進，經過製作「清酒」很有名的東灘區，傳來陣陣香氣，漸漸地……城市出現不一樣的氛圍，街道越來越寬闊，看不到傳統日式民宅，而是歐式風格建築，表示神戶

▶ 日本馬拉松發源地。

快到了！首先到達三宮商業區，這裡有百貨大樓及車站，建築物在燈光照明下顯得特別耀眼；附近有三宮公園，這個公園很有紀念意義，歐風公園與附近街道結合顯得有整體感，園區內有紀念阪神大地震的「希望之火」及「紀念鐘」，留住大地震發生當下時鐘所停留的那刻，讓人記住大自然的力量，人的微小脆弱。

參觀公園的同時，天色漸黑，我同時在想外宿的可能性，今天雖然下大雨，但晚間雲層散開，下雨機率大減，而且前兩天太敗家了，只好持續尋找旅館跟公園。晚上七點，發現東遊公園環境簡單，遊客少，晚上就在這裡紮營睡覺吧！

紮營前，我趕到附近的神戶港看看，神戶最著名的神戶塔可是必遊景點，一靠近海濱我看到驚人的景象，這是第一個讓我起雞皮疙瘩的夜景，如此的美景讓我發呆放空、整天的疲勞都消失了！我驅車更靠近整個神戶港，神戶港夜景是由摩天輪遊樂場、神戶塔（KOBE PORT TOWER）、海洋博物館及周邊五星級旅館所結合的美麗夜景，我很少對人工景色如此著迷，但是真的被這一幕所感動，今晚我就想登上神戶塔看看！

神戶塔高一百零八公尺，一樓購票後（票價七百日圓）進入電梯就直接到頂樓，這晚神戶港有夏日祭典煙火秀，俯瞰整個神戶港配上煙火，加上高塔有些搖晃感，真是目眩神移，接著沿著樓梯再上到最上層，沒想到驚喜還沒結束，天花板裝有銀河燈光，當你看向夜景便結合了銀河，很浪漫、華麗，美得讓我不想離開，但也接近閉館時間十點，不得不走囉！

結束了像夢幻般的神戶塔之旅，再回到東遊公園準備睡覺，有了幾次流浪紮營的經驗，比較放心了，夏天搭帳棚雖然悶熱，但今天好累，情緒又起伏太大，很快便躺平了！

痛苦的當下不會太久，只會留下美麗的回憶

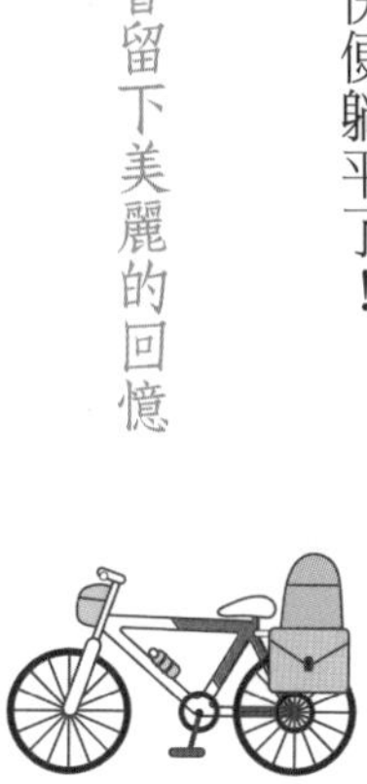

以「日本太鼓」為發想設計的神戶塔。

About Traveling 單車維修

單車維修是單車旅行中必備的技能，包括換胎、補胎、換剎車皮及拆卸龍頭，更不用說拆輪子，落鍊等超基本技能；現在的單車多是快拆式，更方便維修拆卸，你可以在購買單車時，順便要求老闆現場教學一下，或是查詢網路 YouTube 也有單車維修影片，所以不怕沒人教，端看你要不要學習，一定要在出發前多拆幾次，多摸幾遍，讓你旅途中遇到單車問題不害怕！

單車教學：初階維修保養
https://goo.gl/2UUcyV（單車誌）

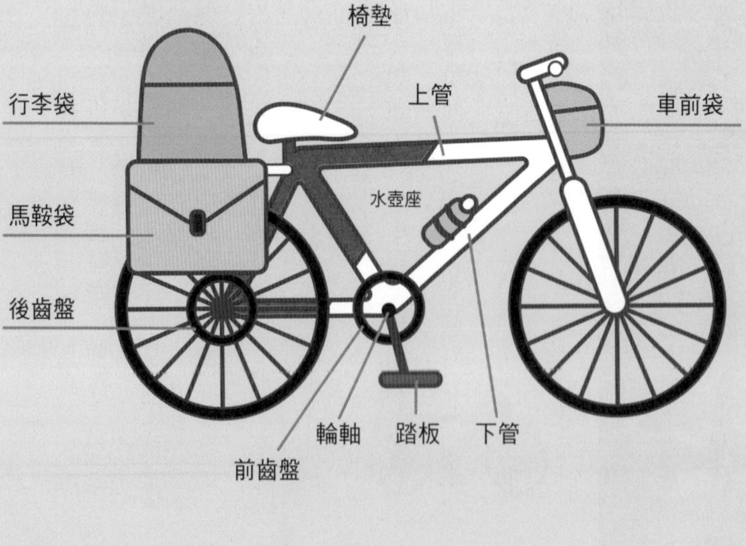

15

姬路遊「海の日」

日期：2014.7.21

行程：神戶→姬路→相生

天氣：晴天 35 度

騎乘公里數：98 公里

花費：6,165 日圓（住 4,000；門票 400）

圖為明石海峽大橋。

凌晨四點多就被吵雜的鳥叫聲吵醒，沒想到天亮了，乾脆起床吧！早起可以餵食鴿子、寫寫日記，原本寫日記這件事應該是在每天的睡前，但旅行中的每一晚真的好累。雖然今天沒睡多久，但依然元氣滿滿，昨晚的神戶塔超美，我想看看白天的神戶塔，因此不到六點就出發了，這樣無拘束的旅行真好！

沿著昨晚的路線，原來這裡極為歐風，街道旁的銅像更添藝術氣息，這些美麗歐式風格建築多是名牌專櫃商店，在這幾乎看不見日式建築，讓人誤以為身在歐洲，神戶是最早被迫對西方開放的港口，所以特別西化；神戶塔退去夜裡的華麗，依舊美麗；神戶港旁的遊樂場是「麵包超人樂園」，有整排的麵包超人石雕像，是條可愛的卡通大道。

栩栩如生的雕像。

真慶幸白天再來這一趟，最好玩的是因為一大早幾乎沒有車輛行人，我在神戶如入無人之境，非常悠哉，除了欣賞美景外，還可以任意騎著單車（在日本，前進靠左行，跟台灣相反，一開始不習慣，常騎錯方向，嚇到日本人），我很喜歡神戶，都市不大，街道整齊，歐式大建築整個就是讓人覺得清爽舒服！

出了神戶，沿著國道2號離開，很快就到沿海公路，這裡有一個海濱公園，一大早才七點就有許多民眾在運動、玩水，日本人好健康的感覺喔！這裡最美的是遠方有座很夢幻的「跨海大橋」（PS‧明石海峽大橋，連接「本州」及「淡路島」，是通往四國（Shikoku）的道路之一！橋面有兩層，上層跟上層都是公路，但是禁行單車），又大又長的大橋被雲層遮蔽盡頭，讓人讚嘆，美景就是讓人放空，我已經可以想像夜晚亮燈的浪漫（又開始換幻想身在偶像劇了）！

我一直沿著海岸線前進，好意外今天馬路上大車不多，倒是有許多慢跑民眾及車友，在7-11休息時，有個帥哥車友告訴我，今天是日本的海之日（海の日，是感謝海的恩惠，同時也祈願海洋國家日本的繁榮，日本可是第一個因為海洋放假的國家喔），也是連續假日的最後一天，難怪一早海邊這麼多人！他還說，這條可是日本的熱門單車道，因為海洋搭配跨海大橋很美，假日就有許多車友來騎車。哇！那我是不是很幸運，亂騎還能遇到美景。

這次旅行，我常感到單車旅行的快樂真簡單，也許只是一個好天氣、好風景、好路線、或是一個友善的過客，就能讓我開心一整天，人生要的或許就是如此簡單！把自己放到很單純的位置，快樂將變得容易，人生的必需品也就是那些而已，過多慾望而造成的痛苦真的不必要！

沿著海岸線一路上，走走停停拍下大橋的不同姿態，是我在橋上很喜歡做的活動；日本海岸線很長，騎乘在海岸公路上也發現日本人真的好熱愛釣魚，大人小孩都在釣魚，路旁有大型的

釣具店，日本的釣具可謂世界第一！我慢慢的離開了明石，往古加川前進，中午在超市買了便當後，又發生找不到地方吃飯的囧境。因此多騎了五公里往高砂市綜合運動公園用餐，也才發現日本的運動風氣很盛行！古加川不是大都市，這個公園靠近山區有些偏遠，但複合式的運動公園居然結合棒球、相撲、柔道、劍道等，今天正好是「兵庫縣高校棒球賽」，滿滿都是人，停車場爆滿，一直聽到在喊隊呼。

今天非常炎熱，也是日本暑假的開始，中午氣溫高達三十五度，每天這樣長時間的騎乘，熱的受不了，我找到一個降溫的方法，就是把四肢及頭巾弄濕，這樣的騎乘很舒服爽快，只是沒半個小時就全乾了，真是熱的誇張，這種天氣一天要灌水五千 cc 以上，也要注意飲食鹽分的攝取，避免中暑抽筋，還好在日本水、食物跟廁所的取得，全然不是問題！

姬路（Himeji）是今天的大重點，姬路城又叫做白鷺城（像要展翅的白鶴），是第一個被納入世界遺產的古城，姬路城也是少數從戰國時代完整被保存的城堡，在二戰時期也躲過空襲，所以特別珍貴（也被稱為日本第一名城），這座平山城遠遠就能看到她很氣質地佇立在山頭，きれい（kirei／漂亮）！在城裡欣賞後直奔天守閣，居然禁止進入，何で（なんで／nande，為什麼）？原來二〇一四年是姬路天守閣整修年，觀光

▲ 敬業的武士隊員。

▲ 世界遺跡：姬路城。

客只能在外圍遠觀。（編注：二〇一五年三月二十七日已維修完成，重新開放遊客進入參觀）在姬路城裡也參觀了城櫓，頂樓有「千姬」像，千姬是歷代城主夫人，有段顛沛孤寂的人生故事！

姬路城周圍是觀光區，結合「大手前公園」，整區都是白色的基調，美得讓人印象深刻，這裡多是日本觀光客，也許是遠離熱門日本景點，外國人較少；在這裡我遇到兩位可愛的日本爺爺，他們知道我是台灣人，手機立刻查詢台灣，才發現我身上穿戴了許多「台灣國旗」，給我比個「讚」，也發覺日本老人家好有學習精神！他們也是叮嚀我車子一定要上鎖，包包要帶走。（日本治安沒有我想像中那麼好嗎？）

每次遇到日本人，雖然日文程度「趨近於零」，但還是能與他們溝通，真是奇妙的感覺，好幾位日本人（Fusayu 太太、鶴美婆婆）都鼓勵我要多說，千萬不要說「不懂日文這句話」，我想學習任何語言都是這樣的吧，要勇敢地開口說！

離開了姬路，前往相生（Aioi），相生在郊區，城市非常小，我喜歡在小城市停留過夜，一路上就在尋找旅館！在闖進一間休業的旅館後，好心的おばあさん（obaasan／奶奶）指引正確方向，最後在相生找到一間「開運旅館」，跟老闆議價後以四千日圓成交，真的很開運！雖然是旅館，但是裡面是旅館設備，有獨立衛浴，三樓還有混湯！立刻上去看看，但在我開門瞬間，看到一名光溜溜的男子之後，我就害羞快閃離開了。（PS：日本的旅館（ryokan），由於是自家經營，常遇到不開門或休業的情況，便宜旅館通常網路也搜尋不到，真的只能在當地找，我幾次住旅館的經驗的確是沒什麼外地觀光客，甚至很少人。）

雖然相生很小，但是旅館附近有超市，那真是覓食的好地方！即便是超市裡的特價生魚片還是非常美味（在台灣我不大愛吃生魚片），日式便當也好吃，而且一定要搭配啤酒，美味しい（おいしい／oishii／好吃）。

題外話，在超市外面看到一隻小狗，乖巧地坐在門口等待主人，日本連狗狗都好有規矩，在日本騎單車期間（即便是鄉下），沒被狗追過、未被吠過、路上不會有狗便便、沒看到任何流浪狗，但也沒看過狗狗奔跑，都是主人牽繩，狗狗很乖地走在主人身旁，雖然也許是件好事，但我覺得台灣的狗狗幸福多了。

16

入夢似幻，夜裡落難

日期：2014.7.22
行程：相生→備前→岡山→倉敷
天氣：晴天 33 度
騎乘公里數：92 公里
花費：2,242 日圓（門票 300；背包 756）

圖為瀨戶內海。

很規律的六點自動起床，七點就離開旅館了，發現相生有個「あいおい白龍城」是一個「道の駅，海の駅」（公路及海路的休息站），整個休息站是濃濃中國風建築，遠看就像是座台灣廟宇，取名白龍城，咦～是海龍王嗎？這是個很特別休息站，可惜昨天沒發現，否則可是個露營的好地方！

昨天離開姬路後，就一直在山區市郊，相生到下一個都市赤穗（Ako）這段山路，居然沒有單車道，一路上就與大車爭道蠻可怕的，公路上車速度很快，雖然汽車駕駛會刻意遠離你，但是仍有不留心的駕駛，會狠狠的從你身旁切過去，整條山路彎彎曲曲，還在某路段上放置「死亡車禍現場」的警示牌（真的假的？但很有警告意味，好嚇人）！這段路不大好走，又放了慢速度，走走停停，過了山腰之後，出現了怡人的湖光景色，湖水上倒映著山景，我就繞到湖邊單車道漫遊，風景非常美麗，山嵐輕飄著，美景讓我忘了身在哪裡！

▶ 舞蹈計時器。

終於到達赤穗，這裡有小都市的感覺，有個「赤穗城跡」，殘缺的城門及城櫓就是「遺跡」，

港口一景。

老實說沒什麼看頭！再往市區走，發現赤穗有觀光步道，休息站有個「計時器」，日本許多景點都會有個地方特色的「跳舞鐘」，非常有趣！

赤穗車站前有間大郵局，在這裡發現日本居然有這麼多種類的可愛郵票、Hello Kitty、日本古城、可愛水果等十多種款式，每一款都好可愛，以樣品方式展示，很方便觀光客購買。這類郵票設計成「貼紙」以方便使用，很貼心（之前都沒看過這類可愛郵票）！另外，買郵票也是一個學習日文的好機會，騎車時候就可以利用時間練習日本數字讀法，用日文跟郵務員買郵票可以得意的展現練習成果，郵務員看到外國人還會說日文，他們的表情也會超驚訝！購買郵票的時候，也遇過貼心的郵務員，看我一副流浪漢裝備，主動給包面紙，還叮嚀小心中暑，真是やさしい（yasasii／溫柔）。（PS：七十日圓郵票可寄明信片回台灣，買郵票的說法：切手（きって／kitte／郵票），七十円（ななじゅうえん／nanajyuen／七十日圓。）

接著往備前（Bizen）出發，進入「瀨戶內海」沿岸，這裡有許多島，其形成的自然景色是台灣看不到的，平靜的海水，被一座座的大小不一的山（其實是島嶼）包圍，散落湖面的船隻，這幅夢幻的景致像極了明信片上的美畫，整個

▲ 岡山城。

▲ 岡山駅廣場前的桃太郎及其夥伴雕像。

上午在相生、備前的沿海地帶，一直沉迷於山海湖水的景色當中，花了不少時間在拍照，雖是山路，但騎得非常過癮。

前進到岡山（Okayama），發現這裡不斷出現「桃太郎」肖像，在水溝蓋及城市路標上都發現這可愛的圖像，原來岡山是桃太郎（ももたろうさん／momotarosan）的故鄉，岡山市區也是岡山縣廳所在地，這裡算是個大都市，縣廳周圍是岡山市主要觀光區，附近有岡山城、後樂園。

繼續城堡收集遊戲，來到岡山城。岡山城有全黑的外表，又稱「烏城」是座平山城，雖然看過了好多古城，但今天時間還早，還是去看看吧（心裡OS：有點小膩了）！城裡的裝飾跟文物，不再讓我驚喜，因此迅速看完天守閣，在準備離開的同時，發現二樓有個專區放置整套的正式日式服裝，還有專員管理，我好奇而提起勇氣開口問，可以穿嗎？結果是免費試穿，服務小姐體貼認真，居然還以跪姿幫我著裝；完成後，服務小姐還主動幫忙拍照，熱情地教導姿勢，我們兩個玩得很開心，吸引了其他經過的觀光客，大家也想體驗試穿，於是服務小姐開始忙碌了。

在岡山城所提供的市區地圖（通常這類地圖在觀光景點、旅館都有免費提供，非常好用）裡有個桃太郎銅像，這個桃太郎銅像可愛又栩栩如生，我直接拿著桃太郎照片問路，沒想到岡山市區就有一條「桃太郎道」，這條路就通往車站，而桃太郎及猴子、小狗、雉雞等夥伴就在車站外面的廣場。看到從小熟知的桃太郎，並且在岡山偶遇！來日本沒豔遇，沒認識到桃太郎，那就看看「桃太郎銅像」，彌補一下吧！

也順便在岡山車站詢問「夜巴」的資訊，我計劃在旅行結束時，搭乘夜巴從京都回東京，夜間巴士需要提前訂票，終於在岡山車站找到巴士站，但不幸的是，櫃臺小姐堅持單車不能上夜巴（我遇到很好心的日本人，再次幫忙確認單車裝袋也不能上車），唉……有點晴天霹靂，原本的回台計畫要重新擬定了。

尋找桃太郎的探險結束後，我只好回到收費停車場取車準備離開岡山，此時卻發現我的單車居然被鎖死在單車停車格，我依正確方式重複操作N百次，依舊打不開，原來車鎖故障了，真是欲哭無

◀ 岡山城提供的和服體驗。

淚，難道我的旅行就必須岡山劃下句號了嗎？在日本如果你不向人求救，基本上不大會有人主動雞婆幫忙，所以我只好厚著臉皮，拜託在路上發DM的先生幫忙，透過收費機的對講機詢問，費了一般功夫總算是把鎖打開，真的非常感謝他！（事實上，他看起來有些像特種行業的「油頭日本男」，已有被拒絕的心理準備，沒想到他居然願意幫忙，真感謝！）

離開岡山已經六點了，想趁天亮趕點路，前進到小城市倉敷（Kurashiki）（我喜歡小城市的不複雜，有小公園或便宜旅館）。到了倉敷真是出乎意料，這裡居然都是昂貴的飯店旅館，一副高級觀光區的姿態，尤其在美觀地區，甚至比京都還京都，小河邊的柳樹隨風搖曳，在澄黃燈光下很讓人驚艷，兩旁的復古建築商街，讓人捨不得離開倉敷。

在倉敷花很多時間找旅館，都是客滿狀態，最後終於在後火車站找到一座公園，這個公園結合周圍的百貨看來頗具規模跟管理，我在「看臺」上紮營準備休息時，晚上十點居然有警衛，禁止我紮營，而我真的累到無法再移動了，好吧！不能紮營，那抱著睡袋睡總可以吧！蚊子很多，就算很熱，還是得包得緊緊，臉用毛巾蓋著，就看不出來性別了，這晚睡得很差，除了悶熱跟蚊子之外，遠方有飆車族的競速車聲，公園內有嘻笑聲，真是暈暈沉沉的一夜。

總以為不行了，原來我比「我所知的自己」更強大，旅行讓我重新認識自己

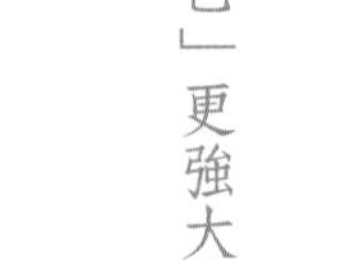

圖為倉敷美觀地區一景。

17

大暑的一天

日期：2014.7.23

行程：倉敷→福山→尾道→三原

天氣：晴天 36 度

騎乘公里數：98 公里

花費：6,493 日圓（住 4,000）

倉敷美觀地區街景。

經歷很悲慘的一晚，頭有些暈感覺好累，昨晚有睡著嗎？只知道全身熱得溼答答，乾脆早點起床，看看優美的倉敷吧！

六點多的倉敷街道有遊客散步了，倉敷美觀地區不大，復古的日式房屋，白色基底的建築，搭配日本最愛的木質裝飾，組成的街景充滿典雅、氣質、又復古的氛圍，還有幾間「美術館」在此，尤其是「窯燒」藝術！其復古之美，藝術氣息，難怪倉敷高級旅館飯店這麼多，而且還大爆滿！

在倉敷稍微繞了一下街道，疲憊感讓人提不起勁，稍做停留後，就往下一個點——福山（Fukuyama）前進。這段路我在山陽道（國道2號）與周邊縣道反復找路、迷路。山陽道就是山路（東海道是海線），今天穿過好多個山洞，讓我有一種身在台灣「蘇花公路」的錯覺；途中上錯了單車禁行的快速道路，就只好慢慢的倒退重新出發，騎車的最高原則就是安全至上！

在日本旅行進入第三週，對日本公路更有概念了，基本上稍有規模的馬路一定有行人單車道，單車道在兩側，或是單側（鄉下地區），就必須左右換路線騎乘，即使是大橋、山洞都有單車道！如果沒有單車道，有可能是走錯路，或是上了快速道路，但在鄉村小縣道就沒有單車道；日本的公路，為了「安全」，行人單車道就會在主要國道搭配周邊縣道，本來有單車道的國道會忽然禁止單車及行人，就必須走旁邊的縣道，麻煩在於小縣道上的「地名」，外國人根本沒概念，最容易迷路，最好每天出發前，先用 Google 地圖看過今天的路線（之後可使用離線地圖），在搭配手機 GPS 定位，就能幫助尋找方向，找到對的路線！（手機設定 GPS 不需要網路漫遊。）

終於結束山路，往福山前進，今天真是屋漏偏逢連夜雨，已經沒睡好，加上整天都是大太陽（有三十六度吧！），爬山又大逆風，有很想死的念頭，頭暈四肢無力，不會中暑了吧？甚至在前往福山的公路上又發生摔車，絆到廣告旗幟（在日本的街道，常以旗幟作為廣告，騎車時要特別注意）……

在福山的「麥當勞」小睡一下，但整天的感覺都不大對，似乎所有精力只能放在騎車了，我沒有去到福山城，連看一眼都沒有，是旅程中感到可惜的事，因為自己的錯估，甚至不願花點錢投宿，使得今天旅行的品質很不佳，甚至造成摔車危險，算是一個教訓！

離開福山，由「山陽道」再往尾道（Onomichi）海岸線前進，在麥當勞小休息之後感覺好多了，在尾道經過海灘，忽然想下去踩踩水，尾道的黃色沙灘是由大顆粒的黃色粗砂組成，三十五

度的天氣踏踏海水真消暑，真幸運到海邊探險，也才知道日本海水真乾淨！在日本旅行途中，只要經過河川、海邊、甚至小水溝，都讓我發出讚嘆，怎麼能這麼乾淨，完全沒有一點垃圾、臭味！

旅程中，我跟自己玩的遊戲是「每天跟十位日本人說話」，旅行第三週更漸入佳境，只要有日本人多看我一眼，便主動打招呼，如果是騎車的時候，會說あつい（atsui／好熱），有的日本人會很害羞，有的驚訝地大笑，其實嚇嚇害羞的日本人滿好玩的！在日本遇到的人，最親切的是婆婆媽媽，通常在表明你不懂日文之後，她們還是會一直說日文「#%&^&*@#$@&」，再來是大伯大叔（他們通常比較主動示好），想跟年輕人說話，就要自己先主動向他們示好，他們才會展現他們的熱情！克服與日本人說話後，我也很喜歡與「學生」聊天，用簡單的日文加上英文，他們都很友善有禮貌，給你的反應很大，很有趣！離開海邊之後，在公車站遇到兩位國中妹妹，就向他們詢問尾道的景點、美食，她們對於我這個台灣人都感到很驚訝，並推薦「尾道拉麵」，我們愉快交談直到公車來了。

尾道是個靠海、有漁港的都市，滿喜歡尾道這類小都市，但沒有找到旅館，且今天目的地是三原（為了明天順利到廣島），只好硬著頭皮繼續前進了！其實我一直覺得很幸運，正好在夏季旅行，白晝的時間很長，有利騎單車，雖然雨水、颱風多，但是我落湯雞的情況並不多！

下午六點便抵達三原（Mihara），因為疲勞而不想開口問路，硬生生繞了一大圈，最後還是靠著飯店幫忙找到靠近三原車站的便宜旅館，順便逛了附近的「AEON」百貨公司，AEON是日本大型連鎖超市，甚至有自己的百貨公司，價位也較親民，晚餐買了岡山盛產的白桃，到日本必吃水蜜桃，比台灣便宜又好吃。

▲▼ 福山市的玫瑰花水溝蓋。

迷路不用害怕無須懊惱，過程都是經驗、意外的收穫，不會白走！

About Traveling 心態

1 認真準備，知難行易

抱著認真為了各項細節作好準備的心態，練體力就認真練體力，學日文就努力學，讀日本歷史就盡量讀，這些各項準備工作，建議列進度表，分項同時準備，以免手忙腳亂，進度延宕不前，逐項完成也會增加自己準備上的信心。

2 最壞的打算，居安思危

想想情況最慘會怎樣，累到騎不動、遺失護照、生病、摔車等等，而不是抱著一切都會很美好的心情，想像在最壞的情況下，如何應變，例如：買旅行意外險、準備常備用藥、打麻疹疫苗、緊急電話號碼之準備、求救日文，但是也不需要自己嚇自己，太多的擔心害怕，可能讓你在原地駐足不前！

3 帶著勇氣，冒險去吧！

當你會想要出國單車旅行，一定有一個初衷、一個夢想，能夠支撐你面對過程中的困難，克服這些超煩人的瑣碎事務、害怕無法改變任何事的心理，戰勝心靈的恐懼，帶著勇氣出發吧！

18

在慰靈碑前掉淚

日期：2014.7.24

行程：三原→東廣島→廣島

天氣：猛暑日 36 度

騎乘公里數：93 公里

花費：4,032 日圓（住 2,000）

圖為黃昏的原爆圓頂河岸。

經歷昨天快昏倒的一天，有個充分的睡眠真幸福，第十八天了，膝蓋、足踝、腳掌、手掌、手腕這些地方都不舒服，身體疲累爬不起來，快九點才離開三原，日本氣象廳叮嚀今天開始是日本的「猛暑日」，小心「熱中症」即中暑，一上路便是三十三度的高溫侍候，今天目的地是廣島（Hiroshima），又是一直爬山的路線，做好心理後準備後出發！

離開三原小漁港後，開始往山區走，第三週了，公路上的日式民宅看到膩了、對小神社無感了、連古城也有些無趣了，沿途都是農村風景，但是我心裡對廣島可是非常期待的，因為廣島有別於其他都市的歷史意義。

不知道爬過幾個小山，累了就牽車散步，讓不同的肌肉群休息一下，這種郊區幾乎沒有公園、廁所、商店，是我唯一覺得很難找資源的路段，我只能向住家水龍頭借水，弄濕身體來降溫。今天就一直在山區趕路，山區公路路況很不穩定，雖然是小山路，路上全都大貨車、卡車，有時為了配合單車道必須過馬路，記得按壓「行人單車專用信號」（在郊區，行人與自行車有專屬的斑馬線信號燈，要先按鈕才會閃燈），否則過斑馬線要等很久喔！

下午一點，才到達途中的第一個都市東廣島（Higashi Hiroshima），為了一個三城古墳（三ツ城古墳），繞道東廣島「西条」，但是古墳的指標卻消失了，這趟多繞了十公里。東廣島市已經是一個頗具規模的大都市，讓人對「廣島」更期待了！這天騎車時，我也開始規劃後半段的旅程，

世界遺產：廣島原爆圓頂。

原本行程是本州到九州，考量體力的緣故，預計只待在本州，從廣島繞中國地區回京都，再坐車回東京，但便宜夜巴士（九千日圓）已經不能坐了，就得搭乘成昂貴新幹線 JR 列車（二萬日圓），這樣的費用乾脆從關西飛回台灣（一萬五千日圓），但是東京到台灣的機票就得損失了！真的要好好考慮。

下午酷熱時間，一樣繼續趕路，廣島市郊沿路並沒有特別景點，這天真是熱到快融化，領教了「猛暑日」的威力；途中，找在 7-11 休息並嘗試使用網路 booking.com 預約旅館，這也代表今晚一定要趕到西廣島！

六點總算抵達廣島（Hiroshima），廣島不像其他都市那種活潑，整個城市籠罩著灰色調，廣島車站也是冷色系，有一點復古及日式歐風的氛圍，人潮也不算是壅擠，沿著地面指示「文化之道」很快找就到「廣島和平紀念公園」，公園裡的原爆殘骸建築物——原爆圓頂（世界遺產）是個大重點。二次世界大戰時，世界第一顆原子彈就是在廣島爆炸，感覺是歷史課本上的事物出現在眼前，很多歐美觀光

▲ 原子彈之子像。

▲ 原子彈慰靈碑

客在此佇足，我想參與過「二戰國家」的各民族都會想到此吧！

整個公園的風格是安寧、平靜，一樣是灰白色系，這裡有原爆紀念館、原爆慰靈碑、和平鐘，還有紀念因原爆罹患白血病死亡的小女孩的故事。在原爆慰靈碑前的石碑上寫著「安息吧！我們將不再重複過去的錯誤」，後方的「不滅之火」代表人民期望和平的心，如烈焰般熾熱，它將一直燃燒，直到「核武」從地球上消失為止。

平和紀念公園讓人有所感觸，用數萬生命換取的慘痛教訓，歷史將不再被重寫嗎？廣島曾經變成廢墟，重建後還是個大都市，留下原爆建築物，讓世人省思，我覺得日本真不簡單，自尊心高的日本人居然留下這個建築物，雖然日本始終沒向侵略國道歉，但在這裡說明了一切……

我一直待到天黑才離去找我預定的客棧，位置在西廣島車站，途中經過了廣島市區，感覺廣島很像台北，而廣

▲ 客棧內部。

島也不像日本其他大都市匆忙、擁擠！晚上又花了一些時間，總算找到背包客客棧，非常舒適的旅舍，一晚二千日圓，可以交朋友，交換資訊！

今天很幸運，室友是一位可愛的台灣女孩——婷，還有日本女孩——彩香，我們也因此變成朋友，各自分享旅行心得，婷推薦我來日本一定要喝「牛奶」，比台灣便宜又好喝，她的推薦完全沒錯！彩香則建議我可以去宮島，非常漂亮，單車也可以坐船；她也推薦九州，九州比中國地區更美，更好玩！而且從九州飛回東京的機票比 JR 更便宜，真是非常心動！這一夜就在陌生旅人變成朋友、嘰嘰喳喳的聊天聲中，幸福入睡。

相信自己可以勇敢可以克服

About Traveling 網路通訊

現代旅行真的很幸福，我們有無國界的網際網路可以使用，申辦網路可以解決旅途中的多數問題，不怕迷路，即時掌握任何資訊，又可以與親友保持連絡，但是國際網路申辦也是一筆費用，就端看個人考量！

在台灣我本來就不是手機網路的依賴者，況且以前沒有網路也可以旅行，於是就決定不申辦網路，以較單純、簡單的方式旅行；旅行中使用網路的目的是為了找路、親友聯繫、安全感，如果有替代的方案，就可以解決沒辦網路的問題！迷路找路方面，我有「自製地圖」能以地圖問路，也增加我與日本人的接觸，順便練日語；另外，日本也有提供免費網路資訊平台，還可以在台灣就做好設定，如7-SPOT、Famima_Wi-Fi，再搭配旅館網路，解決與親友連絡的問題，在旅行中有這樣的網路對我來說已經非常足夠！

◆ 日本免費 wifi

網路系統	限制	申辦
NTT Free wifi	14 天 無限使用	可在台灣先行申辦。下載 NAVITIME for Japan Travel APP 申請帳號密碼 關東，東北地區 wifi 點較多
7-SPOT	60 分 / 3 次 / 天	可在台灣先行申辦（申辦容易）
Famima_Wi-Fi	20 分 / 3 次 / 天	需在日本開通（不黯日文者，需先熟悉介面！）

◆ 付費 wifi 選擇

網路公司	機型 / sim 卡	申辦、費用（台幣）
Wi-up-LTE	行動上網 分享器	在台灣即可申辦。 299 元起 / 日，押金 5,000 元，可多人共享較划算！
b-mobile	Sim 卡	須提早 2 至 3 天上網申辦，sim 卡寄達旅館，或親自上門市領取。可依照個人需求，選擇天數，傳輸量！

最後查詢日期：2015 年 9 月 23 日

19

宮島也太美了吧！

日期：2014.7.25
行程：廣島→宮島
→岩國
天氣：晴天 36 度
騎乘公里數：75 公里
花費：1,749 日圓
（坐船 600）

▲ 廣島城，又稱鯉魚城。

彩香的建議似乎可行，於是我決定到九州走走，回程就從福岡飛回成田，再由成田飛台灣。一早上網訂了福岡飛成田的機票，捷星航空公司加買行李及燃料稅約一萬四千日圓，總算是確定回家的路線了。

在離開廣島（Hiroshima）前，再度回到平和紀念公園附近，參觀「廣島城」，也像其他城一樣展示刀劍、盔甲、鬼瓦等，對古城無感了，還好有古裝讓我玩扮家家酒，廣島城裡面是男性服飾，也算是有點變化，我想我對城堡的回憶，大概變得很膚淺。廣島城內有個「廣島縣護國神社」，規模不大，看起來簡單肅穆，發現這類祭祀軍人的神社，都較為嚴肅，不會有意外的小驚喜！

逛完廣島城周邊都十二點了，每當中午才準備要上路真讓人懊惱，好熱啊！太晚出發，又常常搞到要夜騎，危險又沒有風景可看，這是旅行中後段常發生的事，身體疲憊、迷戀美景都是無法掌握時間分配的主因！繼續沿海岸線前進，過了廿日市市（Hatsukaichi），終於看到遠方出現「宮島口渡輪船入口」，人與車的來回船票是五百六十日圓（人來回三百六十，單車來回二百），旅行中第一次要跟單車一起坐船，超興奮的，彩香跟我說宮島（Miyajimacho）很美，到底是什麼樣的地方呢！

　渡輪班次十五分鐘一班，連汽車都可以上船，類似高雄小港旗津的渡輪，約十分鐘就抵達宮島，一到宮島看到的是小平原跟小山，大海，整個環境自然、原始，立刻踩上單車往「宮島包ヶ浦自然公園」前進，陸續在公路上看到一隻隻小鹿，太驚喜了！我不知道宮島有鹿，在自然公園有整群的鹿，這次沒去奈良看小鹿，卻在宮島意外遇見，真是開心！

　再往海岸邊走，這裡真美，又讓我澈底放空發呆了。休息一陣後，發現輪胎怪怪的，原來破了！這一個禮拜，一直想著也太幸運，在日本都沒有爆胎、破胎，才這樣想的時候……，真是烏鴉嘴！於是在這些小鹿的陪同下，默默地換好了輪胎。

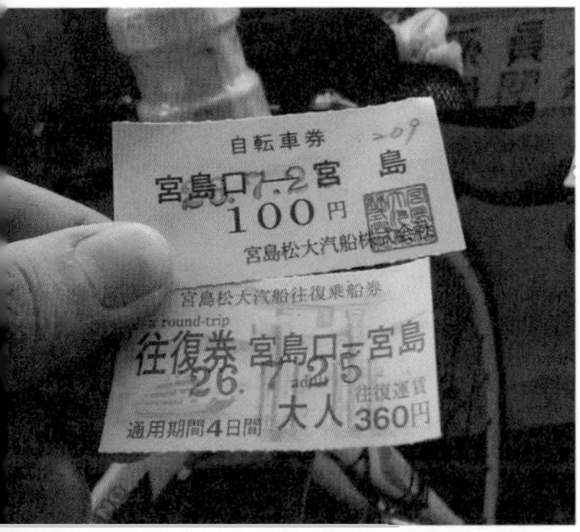

▲ 來回宮島的船票。
▼ 行程表慘遭小鹿啃。

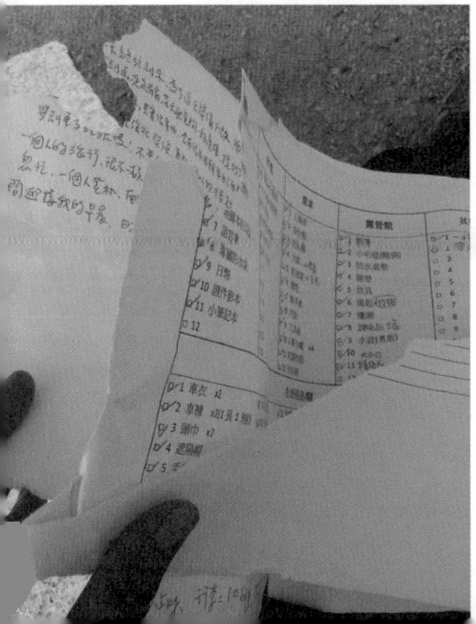

宮島小鹿逛大街。

嚴島神社的海上大鳥居。

宮島最出名的是「嚴島神社」及「海中大鳥居」，嚴島神社是世界遺產，創於西元六世紀，祭祀創造日本人的女神，同時嚴島神社又被稱為「日本三景之一」。趁著夕陽下山前、退潮之際，趕緊去神社拍照，紅色的大鳥居搭配藍天、大海，整個超美、又夢幻的，真感謝彩香的推薦，否則一定會錯過這樣的美景，嚴島神社是旅程中唯一要收費的神社，可惜到了閉館時間就沒進去參觀。

回到神社外找單車（單車總是隨意亂停），發現有些奇怪，單車前袋居然關上（我常貪圖方便沒關包包），正在納悶時，兩個歐美女士過來告訴我，我的地圖差點被吃掉，她們拼命幫我搶回，小鹿還很兇想攻擊她們！天啊，地圖果然少了很多頁！超感謝這兩位女士，否則接下來的旅行，不就開天窗了！再次檢查地圖時，可怕的小鹿又來要啃，原本可愛的小鹿瞬間變成惡魔！

最後到宮島商店街，順便制止了正吃著塑膠招牌的小鹿，老闆娘好感謝我，這裡的居民應該對這些惡魔小鹿很困擾吧！日本的觀光商店街常配合著景點而關門，所以此刻商家差不多都休息了。沒想到在這裡，遇到了四名台灣大男孩，算是小豔遇嗎？我們同行了一段，開心聊天，終於可以大聲放肆的說中文了，這幾週只能說「害、害、害」，看到他們好友一起旅行真幸福，分享了他們的喜悅！

宮島美到讓我想在此留宿露營，但已決定要去九州，還是趕路前進到岩國（Iwakuni）吧！過於貪戀美景會延誤日後行程的，最後趕搭六點多的渡輪回到宮島口，繼續前進！從郊區進入岩國，又是迷路、又是天黑，總算到達岩國市區，但這裡怎麼都是花街呢？有小姐直接在街上招攬

男客，在此又找不到旅館了，於是到公園紮營，其實這裡頗不適合紮營，周圍有花街、KTV、居酒屋，喝醉的日本人，但十點了還是該休息，這晚相當不平靜，有喧嘩的日本人，而且半夜居然一直有東西磨襯我的頭，嚇死人了，害怕地打開帳篷原來是……一隻大笨貓！

面對問題，記得保持冷靜，只要一直前進總會有出口！

About Traveling 實用 APP 介紹

1 Google 地圖

相當實用，有離線地圖，在無網路的情況也可使用（前提是你有搜索過此處地圖記錄），並且可以 GPS 定位，是迷路旅行找景點的大幫手！

2 Google 翻譯

有備無患，可語音打字輸入，並有離線系統，可當做重要情形的溝通方式。

3 Booking.com

尋找當天便宜旅店，可直接線上免費預約，須注意衡量自己可否如期到達！

4 Hotel.com

同 Booking.com 功能，可作為找旅館的備份系統！

5 Yahoo 氣象

非常實用，可事先鍵入日本各都市，了解今日各時刻或近日天氣概況！

6 Japan Connected-free Wi-Fi

實用，可搭配 7-SPOT 直接連線，並搜尋各地免費 wifi ！使用前，先在台灣註冊開通！

7「道の駅」地圖

好用，尤其要往郊區前進時，可先行規劃停留的道の駅，補給、選擇紮營地點！

九州，我來了！

日期：2014.7.26
行程：岩國→周南
→小倉（九州）
天氣：晴天 36 度
騎乘公里數：65 公里
花費：8,522 日圓
（住 4,500，JR 2,300）

昨晚睡在可怕的公園，有不平靜的一晚，居然還能賴床睡到六點，好像相當適應帳篷生活了，有具備當「遊民」的資格了。我在公園煮早餐，吸引了一位年輕人目光，當他知道我從台灣來日本旅行後，一直驚訝地說「すごい」（sugoi／好厲害），向我擊掌打氣！這位一晚沒睡的酒保也是位熱血青年，讓我一早就收到日本人的鼓勵，充滿元氣！

夏季是日本許多都市舉辦祭典的季節，岩國（Iwakuni）市區街上掛滿了「白色」彩球作為祭典裝飾，街上有不同氛圍，早晨的岩國跟夜晚果然差很多，否則我對岩國的印象會不大好，誤會是個淫亂的城市。在岩國看到「錦帶橋」指標，日本名橋？繞過去看看吧！原來他是座美麗的木橋，還意外發現了岩國城，岩國山城就在橋的對面，座落在山頂上！

錦帶橋是日本三大名橋之一，是某任岩國城城主下令建築的，原本整體都是木橋，後來木頭基座被沖垮後改為石墩，要上橋觀賞需要收費（三百日圓）。我就在橋頭看看拍照，這裡真

的滿美的，這天老天給我一個好天氣、古橋、小溪配上藍天怎麼看都是美景！這種意外的美景，總是讓我特別興奮開心！

今天打算從周南（Shunan）坐車到九州（kyushu），一路上又是不間斷的山路，日本的「中國地區」被山陽線貫穿，進入中國地區後（岡山），基本上除了城市以外都是山區，路上許多隧道山洞，這幾天肌肉疼痛更嚴重了，總之這一天騎得很吃力，好像酷熱下的一場馬拉松，騎到手軟腳軟了，便躲到公路旁啃食物，吃飽再繼續上路。

無止盡的山路，也讓我思考到工作現況，剛從公職崗位離開，想要轉戰業務工作，一直以來對於工作上的摸索何不像旅行中的找路，雖然對於未來很害怕，相信一直前進，總會找到適合自己的路！山路很難走，常爬山爬到痛苦，也告訴自己，現在還有時間可以騎車，旅程結束就要面對繁瑣的生活及工作，以增強我騎乘的力量，讓我相信自己選擇的路，再遠、再難走，卻走得很甘願！

「縣道15號」是一條讓我印象深刻的公路，尤其是途中的一個隧道，長度一公里以上，全程沒有單車道，只能沿著隧道旁水溝蓋上走，寬不到五十公分，幾乎無法騎乘，連牽車都很困難，只好人在車上踮著腳尖緩慢推車，公路上的車時速都有六十公里以上，有時大卡車的一個風切讓我站不穩，差點就掉落到公路，非常可怕，但也無法回頭，路太小回頭也困難。整個腦袋除了害怕，還一直浮現家人跟好友在等我回家的畫面，無論如何都要平安離開這個隧道，幾乎是爬行速度前進，重心稍微不穩就整個人貼在積滿黑塵的牆面，這一公里路真的有一世紀這麼長，不知過了多久才總算是平安出隧道。即便路上遇到麻煩，仍然覺得自己很幸運，到目前都還沒有經歷斷糧、斷炊的情形，老天還是很眷顧我的！

在山區公路，也看到另一面的日本，總以為日本街道非常乾淨，但郊區公路其實還蠻髒亂的，許多大貨車司機隨意亂丟垃圾，但也在這條路上我找到需要的麻手套跟黑膠帶，也算是在無聊公路上的小收穫。

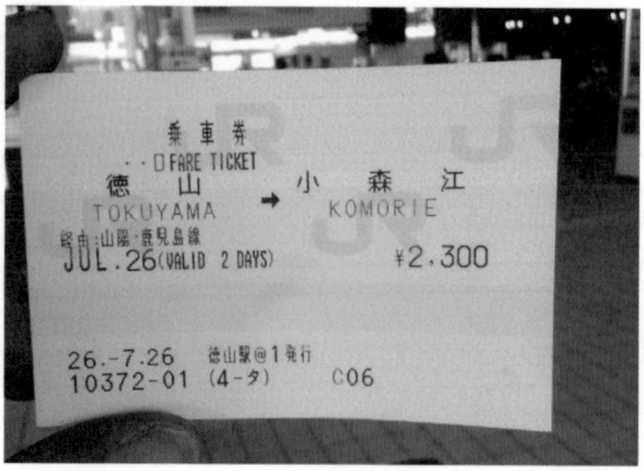

▲ 我的第一張 JR 車票。

好不容易總算到達周南，到了市區尋找車站，原來周南的車站不叫周南站，差點就錯過了。在德山站向站務員比手劃腳，買了一張到達九州小森江（Komorie）的車票，二千三百日圓。打包好車子，車票卻無法進月台，才知道我買的不是新幹線，而是需要轉四次車的普通車，站務員大概看我「流浪漢裝備」幫我訂了便宜車票吧，人真好！因為上錯月台，月台旁的站務員還貼心的標注該在哪站轉車，而且那時我的單車快到了，讓他壓力很大，真是很抱歉。

好緊張，要坐車了！沒想到車子居然誤點了十五分鐘，所以站務員寫的時間及班次就沒用了，還好來日本前，我有先做過功課，很快看懂月台上的班次表，等車時就跟月台上的小姐亂哈啦，遇到一個同年紀的辣媽，小孩子都七歲了！

興奮的坐上日本電車，其實跟台灣電聯車、捷運差不多，我的自行車行李引起其他乘客的注意，有一群可愛的國中妹似乎對我很好奇，我們就聊起來了，她們熱情向我推薦福岡、熊本、鹿兒島這幾個都市，還有九州博多拉麵，也教我日文，如可愛的熊本熊就叫做「Kumamon」喔！她們晒得臉頰紅通通，有健康的黑皮膚，是排球隊選手，看到她們這樣健康陽光，覺得跟台灣差異真大，在日本運動很盛行，棒球、高爾夫、排球，連女生都晒得這麼健康，滿好的！

坐車旅行真是舒服，一下子就把我需要騎一天的山路，在不到三小時結束，但是一下車，一座更大的高山就出現在我眼前，九州也是個山多到不行的地區，我打算在九州停留十天，這樣大概可以漫遊九州了吧！在九州司門（Moji）站下車，重新組車再出發（車票原是買到小森江，但那是更遠離北九州市的車站），一到九州非常興奮，好像到達另一個國度！

到達九州都快七點了，就立刻找旅館，最後還是靠著手機APP（Booking.com）在小倉找到便宜旅館，雖然今天好像生死一瞬間，讓我在旅行中第一次感到害怕，但一切都結束了，晚上有個舒適的房間，真是最幸福的一件事！

About Japan 日本現況

日本是由北海道、本州、四國、九州四大島及三千多個小島所組成的島嶼國家，領土三十七萬七千九百六十平方公里，是台灣的十倍大；人口約一億二千萬人，是世界前十大人口國家。世界第三大經濟體，也是亞洲唯一的八大工業國家成員之一（G8）。

【行政區劃分】

一都（東京都）、一道（北海道）、二府（大阪府、京都府）及四十三個縣；全國共分為七個行政地區，即東北、關東、中部、近畿、中國、四國、九州地區。東京為其首都，人口居冠，橫濱次之，大阪第三。

【貨幣】

貨幣單位：日圓（¥），兌台幣約4：1。（最後查詢日期：2015年7月29日）

【用電規格】

用電規格為100 V，與台灣相同，到日本不用帶轉換插頭。

【四季】

日本各地四季溫度差異大，夏季颱風多，出發前請先該地季節調查平均溫度及雨量，以利物品調整。

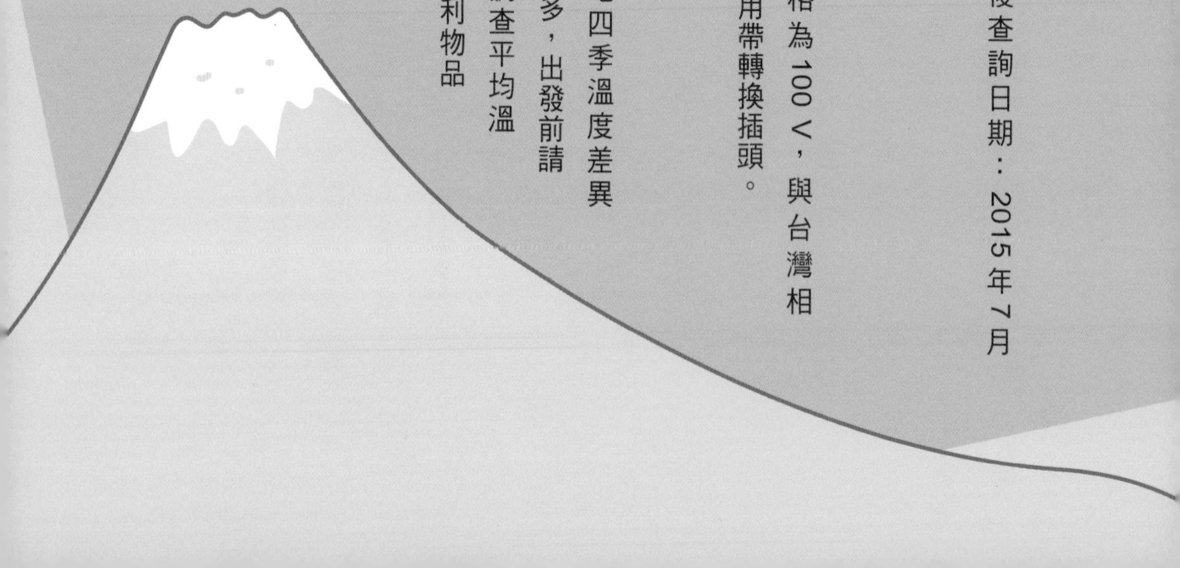

21

福岡博多 散步漫遊

日期：2014.7.27
行程：小倉→福岡博多
天氣：陰雨轉晴 33 度
騎乘公里數：83 公里
花費：5,081 日圓（住 2,900）

圖為八坂神社用來消災解厄的「茅輪」。

▲小倉城和八坂神社。

一大早五點多被閃電吵醒，小倉下了場大雨，烏雲密布，是小倉要多留我一天嗎？既然下大雨，就繼續睡覺好了，再度醒來時是八點，天也放晴了，還以為可以偷懶一天，多留在小倉（Kokura）的念頭只好作罷，準備出發探險去！

來到小倉車站，從小倉站的規模就知道比司門（Moji）繁榮很多，小倉車站的造型很現代化，有交錯的空橋及鐵道線，引人注意，小倉站周圍緊鄰商圈、旅館，小倉城等觀光區也在附近，來九州小倉很方便，頗適合旅行停留！

「小倉城」、「八坂神社」周圍是小倉的觀光區，紫川周圍有帆船狀的NHK建築及美術館，很高興在「八坂神社」遇到來自台灣的觀光團，立刻上前跟他們一起聽導遊解說，他們也很興奮遇到我，旅行中因為有可愛的過客更添美好，尤其是在異地遇到台灣人！旅行的方式很多種，如果能悠閒漫遊一定有不同的體驗，雖然是單車旅行，但我很貪心，想盡量在一個月裡多看看，即便很累還是咬著牙前進！

▲ 櫛田神社各式語言的籤詩。

▲ 櫛田神社。

離開小倉，沿著「國道3號」，真的見識到九州山路威力，經過昨天周南段山路之後，今天大腿肌肉好緊，膝蓋跟手掌也是依舊酸痛，連續數公里的長坡，今天是這段旅程中，第一次爬山爬到想飆髒話的！真的有想放棄的感覺，我甚至騎到車站看了一下票價與班次，又想到小倉與福岡距離也才六十公里，不算長，也許上阿蘇火山更需要坐車，於是打消坐車念頭硬著頭皮繼續踩單車了，而這天我的車褲相當磨擦我的屁股，讓我一直坐不住，是個坐立難安的騎乘日，痛苦啊！（經驗分享：已經習慣騎車的臀部，不用穿車褲，穿了車褲悶熱、磨擦，反而穿彈性褲會更舒服。）

九州的山路與本州有點不同，山林更多，郊區更原始自然，心理頗後悔這十天要在九州爬山。到九州也是旅行的最後了，阿蘇火山是重頭戲，網友「狐狸」（單車環日高手）一直提醒我阿蘇（Aso）甚至比箱根（Hakone）難走，我心裡做好準備，打算牽車爬山，阿蘇停留二天，還有日本的溫泉、拉麵、美食也是我最後想去嘗試的！

在日本混了三個禮拜越來越會找路，很順利找到福岡博多區的背包客棧（福岡花宿Hanahostel，一晚二千九百日圓），因為旅館平價又加上全身痠痛，而且福岡（Fukuoka）是九州最大的都市，立刻多訂一晚，我決定留在福岡博多慢活一下！

福岡精華區在博多，博多車站就是福岡的大站，沒有福岡車站，福岡街上也是很多觀光客，我到達旅館的時間還早，第一次丟下單車，散步博多、櫛田神社，尋找好吃拉麵！福岡花宿的位置很好，在祇園站附近，交通便利，周邊都是很好逛的商店街。來到日本，我非常愛生魚片、水

山笠是福岡重要的祭典，只限男人參加扛「山車」，又稱「讓男人成為男人的祭典」，此山車通常展畢就會拆解，唯此山車就置於櫛田神社供民眾參觀。

到了博多就是要吃拉麵，湯頭實在美味！

蜜桃、啤酒，每天晚上都想喝一杯，晚上為了啤酒就繼續騎車尋找大超市，但是日本只要是在大都市，基本上方圓五公里內不會有便宜的大賣場。

晚上在頂樓看夜景、喝啤酒、寫日記，想好好想放鬆一下，卻偶遇了韓國，新加坡跟美國的四位帥哥，我們就在天台上聊旅行，聊自己國家，電影，好愜意幸福！出國之後，也更發覺自己的不足，因為語言不夠好，真的很難跟他們深入聊天，大概是我這次旅途覺得有點遺憾的地方吧！

個人推薦福岡花宿，這裡是我住過最有規模的背包客客棧，一樓交誼廳寬闊，頂樓也有交誼廳，在這裡有美麗的夜景，福岡花宿的地理位置很棒，位在博多區及中央區中間，是福岡精華地段，不管去哪邊交通都頗便利，而且很平價，能透過網路當天訂房，非常方便！

出國看看外面的世界，更有動力讓自己更強

About Japan 禮貌小叮嚀

1 不可穿鞋入民宅，拖鞋後須將鞋子擺放好，鞋尖向外。

2 用餐時，不可用自己的筷子夾菜給他人，也不要將筷子插在碗內，用餐時保持米飯的潔白。

3 不要在吃飯時整理衣服或用手摸髮，整理頭髮，是不衛生又不禮貌的行為。

4 上廁所時，衛生紙請直接棄置於馬桶內。

5 勿在公共場所擤鼻涕。

6 問候時，點頭鞠躬，更融入、貼近日本。

7 乘車時不可以電話通話，以免噪音打擾他人。

8 泡湯時，需清潔乾淨再入池，不可以攜帶毛巾、浴巾入池。

9 進入神社前，請至手水舍淨手漱口，再行參拜。

10 日本是非常重「禮」的國家，不妨隨身攜帶小禮物回禮，讓你更融入日本。

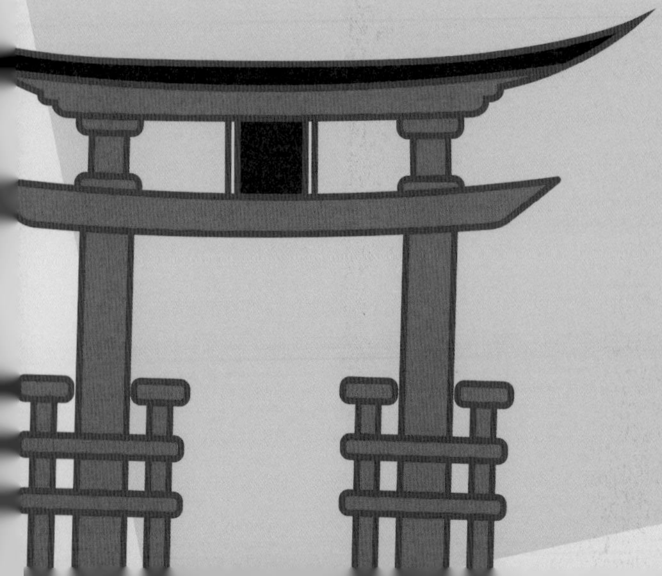

22

領悟日本之美

日期：2014.7.28

行程：福岡博多

天氣：晴天 36 度

騎乘公里數：30 公里

花費：4,740 日圓（住 2,900）

圖為福岡海濱公園。

▲ 在福岡市區發現的一座迷你稻荷神社。

繼昨天與異國帥哥的啤酒之夜後，一早又在交誼廳遇到昨天的「韓國男」，今天是我旅行中的放假日，不用趕路、沒有計畫，於是我們就繼續聊天了！原來他是剛從澳洲回來的背包客，很有世界觀，英文完全是在澳洲從完全不會到現在能流利溝通，他建議我多開口說英文；他也說，韓國青年很難找到工作，除非到大都市，從念書開始壓力就很大，幾乎沒有假日，整天念書，所以出走國外的現象很多！還有大部分的韓國人都會有中文名，唸起來真的跟中文發音差不多，好有趣的異國交流！他是用非常 open mind 的心態與我分享這一切，澳洲經驗還有他從澳洲帶回來的巧克力，臉上總是掛滿笑容，這樣的精神很棒！在旅行中，會發現當你是 open mind 的心態時，就是會遇到跟你一樣屬性聊得來的朋友，人生也是這樣吧，物以類聚！

原本對於韓國人就是有刻板印象，不喜歡韓國人，但是出國後的感覺是每一個民族有不同的歷史，導致民族性的不同，透過認識不同國家的朋友，也會改變你原本的想法，人總是因為不了解，而產生很多誤解，或是自己知道太多，太輕易斷言，反而蒙蔽了雙眼，不再接受新資訊，這些感觸是我旅行中的大收穫！這天上午是一個很特別的早晨，歡樂愉快，還有可愛的法國媽媽幫我們拍照，介紹他的家鄉，我們一直聊到十一點，他將前往機場，準備飛大阪了！

真的該讓身體休息一下了，打算就在福岡（Fukuoka）市區移動就好，我來到中央區的「福岡城」，福岡城也是遺跡，並沒有什麼太特殊的；但周圍似乎有整片的公園（大濠公園，舞鶴公園），沿著指引騎到了「大濠公園」，公園的中央是好大的內陸湖，這裡原是「福岡城的護城河」，改建為公園，公園有外環濾水溝渠，使湖水非常乾淨。這裡雖然只是個「公園」，卻不像東京恩賜公園的古典優雅，大濠公園充滿著青春活力，湖水上有各式鳥類，水裡有各種生物，都是悠悠哉哉，湖水也分為保護區「禁止釣魚」及「許可釣魚區」，真有保育觀念；公園裡休憩的人們看著書報、野餐（尤其看到上班族到公園午餐）、吹奏笛子樂器、或小睡片刻；寬闊的走道上分成行人道、單車道，可以慢跑、騎單車；路旁種滿由企業認養的向日葵，而且花朵呈現不同的生長期，頗富有教育意義。

大濠公園中央是內陸湖。

今天來到大濠公園，讓我有一種很深的領悟，日本的美在於萬物和諧的共處，人跟動物、自然之間的那種融洽！不管是在宮島，看到人類與野生鹿的和平相處，或者只是一個小小公園，都能看到鳥類不怕人的親近，每天早上都能聽到嘰嘰喳喳的鳥叫聲，到處都有生長美麗的花，茂密的樹及樹上爆多的蟬，現在的日本孩童還拿著網子捕蟬，這是連我孩童時期都不會做的事……原來日本的美是很簡單的，在一個沒有破壞、汙染、乾淨的環境裡，各種生物都是輕鬆愉快地生活。人也是其中的一種生物，在這種環境，自然感到舒服。

離開美好的大濠公園，接著到鄰近福岡塔的「福岡海濱公園」，這個頗具規模的河濱公園有精心打造過，土黃色的小城配上藍色的海濱教堂，沿途有白色商店販賣冰品、BBQ、紀念品，既繽紛又熱鬧；沙灘區有規劃沙灘排球，還有海上摩托車停放處，沙灘上也有設有涼亭，中午十二點居然很多人做日光浴（真令人吃驚），而我就在這裡發呆放鬆觀察日本人。

各種年齡層都有的這個海邊，發現日本人喜歡在大熱天慢跑，why？海邊有很多小小孩（二至三歲），父母親讓小小孩自己拿東西、自行擦拭身體、穿衣服鞋子，父母只給予一點協助，這些小小孩很少坐娃娃車，這麼小的年紀都自己拿著泳圈跑在爸媽前面，這跟台灣很不一樣，台灣父母非常保護！日本的海邊有防護線，只可以在線內玩水，有坐在高處的救生員警戒著，這樣設備周全的公園是免費的，日本人真是幸福啊！

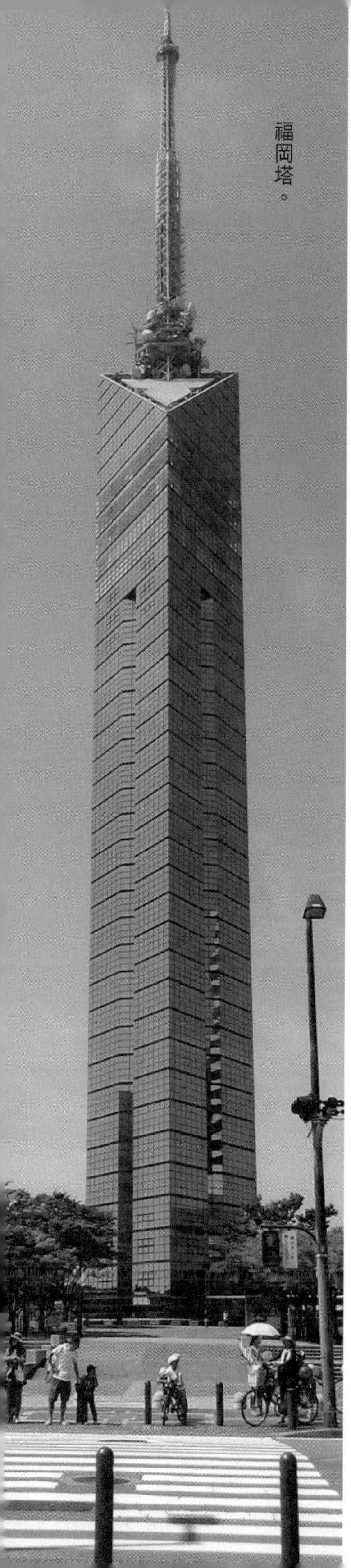

福岡塔。

三角形建築設計的福岡塔就坐落在商辦區，福岡塔高度二百三十四公尺，位在九州最大的都市又緊臨海濱，夜景應該很美吧！福岡塔還有一個很閃的別稱「戀人聖地」，很多情人來這邊約會，晚上應該會閃到爆吧！高塔周圍規劃出一片觀光景點，有福岡博物館、圖書館。今天真的是隨興優閒的一天，全在放空發呆、觀察日本人，沒有往前邁進有些罪惡感，下午五點就回到「花宿」休息、用餐了。

從「花宿」提供的地圖發現了祭祀「學問之神」的天滿宮，立刻衝到天神區，一直到天黑都沒有找到神社，但也沒白來一趟，原來天神區是福岡的商業區，國際名牌百貨、流行小店，真是個很好 shopping 的天堂！好多年輕新潮的年輕人，這也是一種風景！

雖然今天沒移動，晚上沒找到「學問之神」，但依舊是收穫滿滿！花了一些時間交朋友，用了一些時間好好認識日本之美，看到日本父母的教育方式，日本對於大自然的態度，我想這些都需

▲ 轉角裝置藝術：散落一地的貴賓犬。

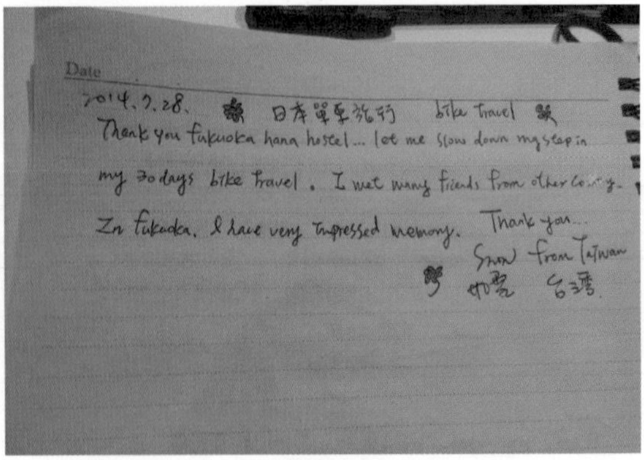

▲ 在「福岡花宿」留下的痕跡。

要停下腳步，慢慢觀察才能體會，很開心留在福岡二天能有這樣的心得！第二天晚上，換到二樓共用套房，這晚我還有個台灣室友，三人房只有我們兩個，整夜都聊著對於日本的感覺，在異鄉遇到聊得來的朋友特別興奮，「齡」畢業於台南成大，她從小的夢想就是到日本念書，所以靠著自學日文，研究有關日本的一切，一直堅持著夢想，總算拿到台灣教育部的補助來日本留學一年（超厲害的），我很欣賞她逐夢踏實，勇敢追夢！

她在日本的這一年，認為日本的教育很棒，老師在意的是學生的品德、做人做事的態度，而不是只在意考試分數；她說日本同學也較單純，不會有壞腦筋想投機取巧，台灣人都知道的投機方法，日本人居然會覺得我們很聰明；另外「齡」說日本電車很準時，但常常發生人身事故，「人身事故」就是有人臥軌，平均一天兩起臥軌事件，若是發生在重要支線，一大堆人可是上班遲到的，日本社會的壓力可見一般！這一晚我們聊得忘我，「他鄉遇故知」大概足以形容這樣的感覺！

停下腳步，有時候收穫更多

23 太宰府豔遇?!

日期：2014.7.29

行程：福岡博多→太宰府→熊本鹿北

天氣：晴天 35 度

騎乘公里數：83 公里

花費：2,540 日圓（爸爸的茶葉 1,000）

昨晚與可愛的室友聊了一整晚，早上她也早起幫我送行，真是 so sweet！旅行中遇到很有話聊的朋友，相見恨晚，但是時間到了還是要分離，即使是短短的相遇，依舊抱著超感恩的心情！

一上路就覺得元氣滿滿，也許是在福岡多停留一天的緣故，重新在公路上的騎乘讓我很開心，疲累也減輕很多，沿著國道3號往熊本（Kumamoto）的方向前進，途中經過春日市、大野城市都沒有特殊景點讓我停留。

直到太宰府（Dazaifu），這個地名好韓風喔！公路旁就能看到太宰府遺跡、觀音寺，讓我很順利的前進太宰府，而太宰府有最著名的「天滿宮」，天滿宮主祀「菅原道真」這位歷史人物！歷史記載他學問淵博，又叫「學問之神」，學生考試或是求職就是要來這裡拜拜，相當於「中國的孔廟」！

關於他的故事也是相當有趣，「菅原公」是被壞官陷害，被貶到「太宰府」抑鬱而終，死後天有異象、災禍不斷，壞官也一個個相繼死亡，朝廷人心惶惶，於是加封祭拜他，蓋了此神社。讀日本歷史

▲ 天滿宮建立於西元 10 世紀，至今有 1,000 年以上的歷史，許多觀光客慕名而來！

常常出現「怨靈」的橋段，他就是其中一個。其實日本的神社跟台灣的廟一樣，台灣媽祖廟到處都有，日本天滿宮也是到處都是，而「太宰府天滿宮」是日本上千間天滿宮的總寺院，難怪遊客特別多！昨晚在福岡為了要找天滿宮瘋狂迷路，沒想到意外遇到天滿宮總寺院，人生有時候就是不用強求吧！

天滿宮外是一整排的商街，「伴手禮商店」好有觀光氣氛，太宰府天滿宮著名的美食是「梅枝餅」，因為「菅原公」很喜歡梅花，還有個「飛梅」的傳說故事；這裡也販賣了好多「梅花」圖騰的小物，超可愛的！天滿宮真的是人氣旺，寺廟內好多觀光客，我在這裡遇到了一位哈台族——Koji，是位可愛的あに（ani／哥哥），住在東京北邊的都市，是位非常愛台灣的日本人，去過台灣四次，最喜歡台灣的美食，小籠包，喜歡台灣人的親切，他邀請我到超市喝飲料交換 email，於是我們散步於天滿街上，吃了傳統日本彩色刨冰，商街上有間特別的星巴克，Koji 說這是日本有名的特殊建築，果然是間創意十足的星巴克，看起來很厲害！一路上嘻嘻哈哈輕鬆愉快，Koji 說我非常非常友善，沒遇過這麼「friendly」的台灣人，

▲ 日本夏天傳統食物：彩色刨冰。

▼ 以特殊建築外觀聞名的太宰府星巴克。

希望有機會來台灣台南找我玩，我大笑說自己是「crazy Taiwaness，welcome to Taiwan！」快樂的時光總是很快，中午十二點了，我又該繼續趕路，Koji則去參觀「九州國立博物館」，很棒的太宰府之旅。

停留福岡爽住兩天後，今天打算要露營。地圖顯示國道3號上，往熊本的方向有兩個道の駅，大概是我今天的落腳處了！離開大宰府（Dazaifu）後，下一個城市久留米市，這裡是好吃拉麵的創始發源地，可惜又熱又飽，沒品嘗到拉麵就離開往山區了。

進入山區的八女市，是個產茶的山林區，九州的山林似乎比起本州還要原始，沒有遭到破壞，沒有商業化，雖然是山路卻異常輕鬆愉快，第一個道の駅「たちばな」（Tachibana），觀察一下紮營地形，稍作休息，九州的道の駅販賣的都是當地農產品、植物園藝，商店規模也小很多，相當純樸。在這個休息站，有位帶著小朋友的爸爸很好奇我的裝扮跟單車，知道我來自台灣相當驚訝，他以為我是學生！我說我是三十三歲的officelady，他立刻說「歐巴桑」，說小孩的媽媽也是三十三歲的「歐巴桑」，真想翻白眼、揍扁他，他是我遇過最直接的日本人了，卻是很可愛跟爆笑！他熱情的跟我握手，並祝福一路上注意安全。

天色還早，我前往下一個道の駅「鹿北」並在此紮營，在日本郊區的商店總是很早關門，趕在農產品銷售中心休息前，買了一些農產品及特價食物，番茄、葡萄、水蜜桃、蜂蜜饅頭（就是台灣的紅豆餅啦）；鹿北已經算是熊本縣了，商店裡面好多可愛的熊本熊小物，讓我更期待明天的熊本市區！雖然國道3號是主要幹道，休息站卻沒有便利商店，頂多是十幾台的販賣機，而七點前商店就全關門了。我就在商店外面搭起帳棚，在山區搭營非常舒服，晚上居然感到寒冷，算是幾次紮營當中睡得最好，最舒服的一晚。

About Traveling 體能訓練 1/2

單車旅行，除了外在的硬體之外，最重要的就是自己的體力跟心態，相信會想要選擇單車旅行的你（妳），對自己的體能一定有相當程度的信心；如果你完全沒有運動習慣也別擔心，只是準備時間要再長一點，按部就班相信一定能看到體力上的成長，單車旅行也就不遠了！單車運動除了騎乘技能以外，要訓練腿部肌肉力量、心肺功能，這些可藉由慢跑來加強。

在旅行之前，我平時有慢跑、游泳、爬山的習慣，但各項技能都稱不上頂尖，都只是為了健康而動，參加過幾次的慢跑賽事（半馬五次，全馬一次），也不是什麼好看的成績，在二〇一二年的一次單車環島（十二天一千一百公里），平時不常騎單車，是為了旅行而騎，所以這次單車旅行，我特意加強一些體力訓練！為適應單車，增加駕馭度，除了騎單車上下班之外，幾次重裝的長距離的騎乘練習，針對都市及山區單車特訓。

【我的體力訓練過程】

1 標準鐵人三項，五十二·五公里

這是我第一次的鐵人比賽，當然下場是非常悽慘……，挑戰鐵人賽只是好玩想嘗試，又順便練習我的單車體力，體驗了自行車四十公里要在一百分鐘內飆完，真是不容易。這種競速比賽有交通管制，相對安全，純粹是練體力，比車況，拼命踩就是了！參加鐵人賽就必須有長跑、單車、游泳的綜合訓練，這個過程才是重點，雖然我的初鐵失敗了也很值得！

（P.186 待續）

圖為九州山鹿的田野風景。

24 多了一位夥伴！

日期：2014.7.30
行程：熊本鹿北→山鹿→熊本
天氣：晴轉雷雨天 33 度
騎乘公里數：60 公里
花費：2,920 日圓（住 2,500）

第一次睡帳篷睡到賴床，山區早晨那涼爽的空氣，實在捨不得離開睡袋，但是睡在商店街前，也不好意思太囂張，趕緊收拾行李。

從「鹿北道の駅」觀光板上發現許多溫泉（山鹿、菊池、玉名），而我將沿著國道3號前進到山鹿（Yamaka），在山鹿我打算好好享受一下期待已久的溫泉！沿途田野風景讓我騎得好開心，踏在久違的公路那份喜悅興奮感，在九州重新找到了！出發沒多久就沿著大下坡到達山鹿市，沿途有溫泉湯屋，家族湯？一連問了好幾家，可惜太早都還沒開始營業，真是殘念。

▲ 昨晚紮營處，好暗好黑，有點可怕……

但是失望並沒有繼續蔓延，到了山鹿市發現了「溫泉促進協會」及公車總站，此處有一個「溫泉塔」可供飲用，好甘甜啊！這兒有更多山鹿觀光資訊，帶著地圖到山鹿市街晃晃吧！

山鹿有舊城老街的感覺，純樸沒有任何百貨或是花街，順著指引就到了舊戲院「八千代座」及附近「無料足湯」（免費足湯），終於泡到足湯啦！「足湯」讓人好意外，約三十七度不熱不冷的水溫，有很強的湧泉，水質非常乾淨，深度及膝，気持ちいい（きもちいい／kimochii／舒服），旁邊也有溫泉塔供飲用，我一個人放肆地霸占整個溫泉超開心的！

隨後來了兩位爺爺，其中一位爺爺看到有外來客，主動來聊天，知道我從台灣來日本單車旅行，驚訝的不斷說「すごい」（sugoi／好厲害）！幾次嚇嚇日本人的感覺，真的滿好玩的，他一直誇獎台灣，說台灣單車是世界第一名！說台灣很棒，台灣人很對日本人很友善，我非常吃驚，一直說ほんとう（hondou／真的嗎）？也推薦眼前這個足湯，會消除疲勞，要我多泡一會兒並且在此等候他，他立刻赤腳離開足湯跑走了，爺爺要做什麼呢？

不久，他拿著一疊山鹿觀光地圖，推薦我去便宜的さくら（sakura／櫻花）溫泉，並介紹山

▲▼ 終於找到了足湯，
水質跟環境超舒服！

建築外觀濃濃日本味的さくら溫泉。

鹿文化，八千代座表演的「燈籠舞」。感謝之餘，拿出台灣國旗貼紙跟郵票送給他，聊得太 high 引起了路人注意，有位帥哥一開口就是中文「你是台灣人嗎？」有沒有這麼巧啊！在日本小鄉村還能遇到台灣人——小熙，原來他是外派赴日工作的，來日本也半年囉！今天是他的休假日，騎著機車到處晃晃，真是有緣！於是我們三人一起泡足湯聊天，爺爺還邊泡邊抓蟬，我則跟小熙聊著對日本的感覺，他覺得：日本的服務業很制式，每個人很像機器人。（是嗎？！）當我把台灣國旗也送給從台灣來的小熙，爺爺笑到腰都彎了。有著驚喜又開心的時光，但還是得離開繼續前進，打算去爺爺推薦的さくら溫泉享受泡湯啦！

さくら溫泉有個很美、復古的外表，而且好便宜只要三百日圓，是男女分開的裸湯，內部環境好優美，有寬闊的溫泉池，挑高木製建材，泡湯時空氣中淡淡溫泉混著木頭香氣。溫泉三十九度，水溫偏高讓人熱得受不了，但我很少有泡湯經驗，硬是泡了近一小時才離開。泡湯期間，發現日本人好妙，來澡堂洗澡洗了三十分鐘，只泡湯五分鐘，再繼續洗澡三十分鐘。（而且不是少數。）

泡完湯休息片刻，一出溫泉大門沒想到居然又遇到爺爺，他開心地招手，拿著山鹿到熊本的單車道地圖，難道是打算帶我走單車道？有當地人要跟我一起陪騎一段，也是好事一件，於是我們就一起上路了！（後來小熙告訴我，爺爺擔心我的行李，想在車旁幫我看著，超感動的！）

正式出發前，他還帶我到山鹿店家試吃甜酒釀，「甘酒」真是超好吃的，也參觀了當地頗具歷史的酒廠，真是大開眼界，有在地人帶著觀光就是不一樣，爺爺一路上還向大家介紹我是台灣來的單車客，讓我有吃又有拿，大家都對我很好！

爺爺推薦的單車道真棒，今日大藍天搭配田野風景，九州真的美極了！爺爺指著遠方的山頭，那是我明天的目的地——「阿蘇火山」；這一路也經過竹林、陡坡，這段路大概有三十幾公里，對七十幾歲的爺爺來說並不輕鬆，我也陪他慢慢騎，途中爺爺還準備了點心作為我們的中餐，好貼心的爺爺；爺爺說我很聰明，知道全副武裝（帽子、面罩、長袖）騎車，不會晒太陽，他的手已經晒傷了，我說台灣人騎車都是這樣的裝備，因為台灣很熱，反倒是日本人騎車，穿的很少喜歡晒太陽！雖然途中有迷路的小插曲，但總是順利地抵達熊本（Kumamoto）。

到了熊本卻變天了，聰明的爺爺找了適合躲雨的地方後，果然立刻大雨傾瀉，神準到讓我傻眼，直誇爺爺聰明，爺爺反說我幸運。除了下大雨，天空居然還下起「冰雹」，趕快上前撿撿地上的小冰塊！爺爺也開心喊著雪チャン（Yuki chiyan），yuki（雪），yuki（雪），冰雹也是雪的一種吧！這場雨真的下了很久，幸運的是我們都沒淋到雨，我跟爺看著照片解悶，同時心裡也開始擔心爺爺該怎麼回去呢？

天色漸黑，爺爺向我推薦日本好物——「日本網咖」（類似台灣的漫畫王），爺爺原本打算陪我到熊本後，他到此休息一下再回山鹿，他強調裡面是一人一間很安全、安靜，是他在日本很常待的地方！而且今天開始變天了，這週日本將有兩個颱風侵襲，這也不失為一個選擇，於是今晚有了不同的體驗，住在日本的「快活 club」！

這裡很有規模，果然是安靜又乾淨，一人一個小隔間，十二小時二千日圓，這裡有各類影集、漫畫、網路電視，還提供十幾種飲料暢飲及冰淇淋，真的比膠囊旅館好多了！缺點是這間正好沒有浴室（有些會提供衛浴設備），不能盥洗、洗衣服！七點進入 club 後，我與爺爺就各自在小隔間休息，由於不懂日文，無法使用電腦鍵盤，看不懂漫畫，只能寫寫日記、看看新聞，晚餐就訂 club 的烏龍麵，想不到這裡的食物也不錯。今晚是俱樂部之夜，希望明天有個好天氣，讓我能到阿蘇火山！

PS：外國人消費這類日本網咖，必須先以護照辦理會員卡，會員卡是不用費用的，有會員卡之後，往後只需出示會員卡且能折扣喔！

緣分很神奇，有緣分再遠都會遇見

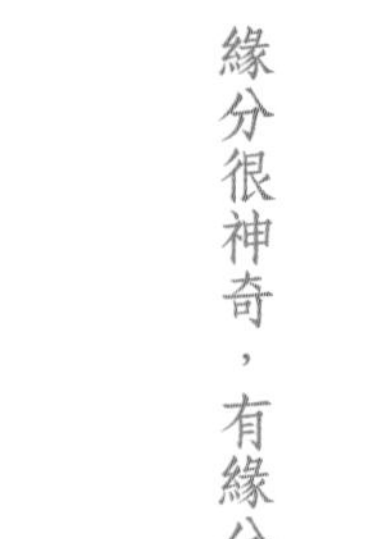

25

小丸子與爺爺開始一起旅行

日期：2014.7.31
行程：熊本城
天氣：陰雨天 28 度
騎乘公里數：0 公里
花費：4,728 日圓（住 2,400）

圖為武士隊迎賓，大喊口令，開城門！

熊本城。

睡在「快活club」，一早七點便趕緊離開，因為只買十二小時，爺爺貼心地敲敲我的門「雪チャン，おはよ」（ohayo／早安），並送上一份冰淇淋！對喔，差點忘了我有一個夥伴，早上有人問候的感覺真好！今天果然是陰雨天，看樣子應該會下一整天雨，好煩惱今天跟爺爺告別後的阿蘇山行程。爺爺勸今日別上去阿蘇（Aso）了，這樣的天氣雲層厚視野不佳，下雨也不能躲雨，太危險。

爺爺幫忙計劃行程，準備帶我去熊本城（日本三大名城之一），這樣就把日本三大名城（熊本城、大阪城、名古屋城）收集完成啦！我們從「快活club」步行到熊本城，約莫半小時，下雨天邊走邊聊天，爺爺都會叮嚀我小心路上滑、小心有車，真是優しい（やさしい／yasashi／溫柔），很期待跟日本爺爺去逛城堡。也發現，爺爺只要遇到路人，都會點頭打招呼，對方也都會禮貌回應，只要路況不熟，他一定會趕快找個人問！

我們趕在「熊本城」開門之前到達，居然看到了「武士隊」在迎接觀光客準備開城，大家一起聽從武士口令喊口號，真是有趣的場景。爺爺向我介紹日本歷史，我更可以仔細觀察城堡，來了日本看了十幾座城堡，第一次可以有人詢問，有個日本爺爺當嚮導就是不一樣！

熊本城是一座平山城，又叫做「銀杏城」，因為種植了許多銀杏樹，爺爺說這些樹來自中國，古代日本沒有銀杏樹，而熊本城的城主之一為加藤清正，他是豐臣秀吉麾下的重要武將。我在這裡上了一堂歷史課，織田信長（Oda Nobunaga）、豐臣秀吉（Toyotomi Hideyoshi）、德川家康（Tokugawa Ieyasu），我跟爺爺都最喜歡信長，雖然信長在快要統一日本前被自己手下背叛，燒死在本能寺（本能寺之變），但是他真的聰明勇猛！而豐臣秀吉是信長的大臣，取而代之完成信長志願，最後在德川家康手上完成統一日本事業，開啟江戶時期，三位武將個性都不同，信長果決，秀吉圓滑，家康穩重深沉，個性也反映壽命，信長近五十歲歿，秀吉六十一歲歿，家康七十三歲歿。

另外「熊本城」有個特別之處——人人都可以當城主，原來是重建熊本城的經費募集，只要捐獻就可以當城主，城堡裡面還會有你的姓名喔！爺爺也說明城堡的種類分為「山城」、「平山城」、「平城」，視地形而論，越是戰事時

▲ 牆面是昭君出塞圖，天花板有百花圖，以及金箔雕刻的支架，整個富麗堂皇。

期，城堡越會蓋在高處，盤據山頭視野佳，當局勢穩定城堡就會建築在平地！

我與爺爺的溝通是用兒童英文，加上簡單日文、寫漢字、比手劃腳，當爺爺在我解說時，我拼命做筆記，爺爺一直說我好認真，我會叫他「お爺さん先生」，（おじいさんせんせい／ojiisansensei／爺爺老師），逗得他老人家很開心！

熊本城有三個天守閣，城內的城櫓，占地很廣大，我們在熊本城內漫遊。欣賞「御殿」時，爺爺還調皮的模仿忍者在榻榻米上滑行跟射飛鏢，到了頂樓我巧遇從台灣來自助旅行的一家人，他們從安全帽上的中文字發現我這位台灣人，知道我想上阿蘇後，擔心天氣很差，勸我要多加考量，他們才剛從阿蘇過來，還看到車禍……我也擔心上阿蘇的事啊！

在城上也發生件有趣的事，爺爺向天守閣管理員大叔介紹我，他一直誇獎台灣，說台灣跟日本很友好，台灣人很善良、親切，讓日本人很溫暖，尤其311大地震，台灣捐助的金額是世界第一（美國第二，中國是第二十名），這件事讓日本人很感動！日本人最愛的就是台灣人了，其次美國、中國、韓國；爺爺說他要代替日本好好招待我，隨後向我問了台灣的方向之後，九十度鞠躬大喊「台灣，ありがとう」（台灣，謝謝）！天啊，爺爺也太可愛了吧！頓時，心中充滿溫暖，出國後看到日本的一切，總覺得台灣差日本一大截，常感到失望，遇到爺爺後，才發覺我們的國家這麼可愛，身為台灣人真棒！

爺爺說在日本要說自己是台灣人，不要說中國人，假如台灣人在日本生病，很多人急著送你就醫，但如果是中國人、韓國人可能就沒人理了！也說我這樣程度的日文非常OK，因為我是台灣人，大家都會喜歡的，ほんとう（hondou／真的嗎）？而管理員大叔也很贊同爺爺說的話，主動向我握手感謝台灣，他說他曾經到過台灣，看了「蔣介石銅像」，眼神很殺，走到哪邊都覺得蔣公銅像在瞪他，且主動提到「金美齡」女士說她年輕時很美……

在「熊本城」逛到下午二點，我們都餓了，因此去體驗日本まっちゃ（matcha，抹茶），小小一碗配上一塊餅，三百日圓，好吃！我們搭乘免費的觀光公車到周圍觀光商店用餐，可

◀ 日本抹茶味道與台灣不同，聞起來很香，入口是很重的茶味，但不苦澀。

惜三點餐廳要打烊了，超奇怪的營業時間，隨著觀光景點而營業與休息！下雨的緣固，搭計程車前往市區用餐，日本計程車自動開關門，開關由駕駛操作，跳表起價是六百六十日圓（編按：根據不同地區、起價將有所不一樣）；在熊本市區的熊本老店「紅蘭亭」吃中國美食「太平燕」套餐，類似海鮮麵、附白飯、甜點，沒想到來日本還吃中國料理，原來爺爺別有用心，還跟櫃臺開玩笑說有「台灣人」要來吃飯，不好吃他會踢館喔！

第一次跟爺爺吃飯，發現日本人是慢慢品嘗，他驚訝我怎麼吃飯這麼快。（要注意日本人吃飯請勿拿著筷子夾菜給對方，不喜歡把白飯弄髒。）爺爺要我對食物評價，我都覺得都超好吃，但是他說這裡的飯不新鮮，菜也不佳。在餐廳裡繼續日本歷史課，聊聊天皇（てんのう，tennou），武士（ぶし，bushi）及家臣的階級，另外忍者（にんじゃ，ninnzya）是傭

兵，爺爺說他不喜歡忍者，忍者是為了錢，沒有道義；我還提到「源氏物語」、「紫氏部」（紫式部是女作家，源氏物語內容多為浪漫愛情故事，整本書是由片假名完成！），爺爺很意外我怎麼會知道，還好出國前有做功課，而且果然也派上用場，真的可以跟日本人深入交談！

隨後我們又到街上的「蜂蜜饅頭店」，一人一個蜂蜜饅頭（就是台灣的紅豆餅），居然還有位置坐跟冰水喝。每一次在餐廳，我們就是談天，聊聊台灣跟日本的差異，台灣的一切爺爺也很好奇，例如物價、食物、交通都讓爺爺瞠目結舌。店裡牆壁上有兩幅「浮世繪」，浮世繪是日本江戶時期的藝術，結合版畫、雕刻、色彩，我們就這樣欣賞起來；爺爺是A型，我是B型，A型謹慎，B型樂天，爺爺就笑我難怪地圖會被鹿吃了，爺爺說A型的他，去哪裡行李、地圖都帶著跑；提到鹿，爺爺還說，奈良、宮島那些鹿很厲害，即使口袋露出一小角的紙（紙鈔也是），都會被吃掉，而且不能打鹿，會被警察抓走！我驚訝鹿怎麼會這麼厲

從熊本城的小天守閣遙望阿蘇火山。

害，口袋裡的紙他都能吃到，這樣不會咬到屁股嗎？爺爺立刻做了一個放屁的動作說要把鹿嚇跑！哈哈哈，我們就像是真人版的「小丸子跟爺爺」，有人照顧的感覺真好！

有爺爺的帶領，讓我更深入日本，了解日本文化歷史，本來我對日本很無感，甚至不喜歡日本。因為爺爺，除了讓我看見另一面的台灣，想要回國之後好好研究台灣歷史，也開始喜歡日本。話說昨天騎單車時，曾問爺爺幾歲，他說是祕密，不告訴我！我在逛城堡時，說他好聰明，什麼都知道！他卻回說他一百歲了，所以什麼都知道，果然是個調皮的人！颱風要來了，雖然討厭，但也因此可以停下腳步了解日本，或許會有個很棒的收穫！

晚上我們依然在這條商街參觀，書店前有河童像（かっぱ／kappa），長的很醜，很可怕。爺爺詳細向我介紹河童，最喜歡吃小黃瓜（きゅうり／kyuli），會偷吃農民的小黃瓜，河童沒有頭髮，頭上只有一片葉子，要裝滿水才會元氣十足，如果沒有水就會枯死，生活在河邊，專長是游泳，真是一個奇怪的生物，妖怪、魔鬼？！

晚餐我們在爺最愛的やよい軒（yayoiken），爺說這裡有好吃的白米，在販賣機前買餐卷之後，店員上前招待，送上冰水，這裡的白飯真的很好吃，能嚼出米飯的新鮮，又Q又甜，而且免費續飯（我跟爺爺都吃了兩碗飯，在日本一般餐館一碗白飯三百日圓），這裡算是日本的平價美食，店內滿滿的都是本地人，這也是我第一次進入日本平價餐廳（一餐約九百至九百日圓），值得推薦！

晚上為了要等適合的時間回「快活club」休息，我們到百貨公司逛逛稍作休息，調皮的爺爺拿了手槍型雨傘射擊，被我拍下了這張可愛的照片，還為此懊惱不已！爺爺分享他買的明信片，日本郵政舉辦抽獎活動，這些有編號的明信片將抽出五萬日圓大獎，他俏皮的說每張都要寄給自己，然後得到五萬！日本的百貨居然八點多就關門了，但我們也很疲累，該回去休息，晚上十點多，我們總算走回到「快活club」，第二天沒洗澡的夜晚，雨水加上汗水，真是有夠臭。

旅行就是這麼難以預料，怎麼會想到在單車旅行中能遇到一位日本爺爺，來到日本沒有「桃太郎」（ももたろうさん，momotarosan）豔遇，但我遇到「老桃太郎」且變成好朋友，老天對我真好！其實今天一直在想如何開口跟爺爺道別。「我還是很想上阿蘇火山，阿蘇（Aso）是九州行的重頭戲啊！雖然很多人勸退，但每個人的感觸不同，也許對我可能還好吧！」鐵齒又倔強的我心裡是這樣想的。經過一整天與爺爺相處，我忽然有一種想法……「阿蘇火山」、「大分別府溫泉」這些美景永遠都在，只要我再來日本，想去都能再去，但是這位可愛的「百歲爺爺」，下次來還能遇見嗎？我願意為這位真性情的爺爺而停留……

不問結果，只要認真準備，收穫往往讓你想像不到

2 中壢往返石門水庫，四十公里

初次的練習，鄉村小路經「安坑鐵馬道」、大溪，到達石門水庫，這也是台灣很熱門的單車路線，風景優美，一路上有很多單車車友，對於初學者，久沒騎乘者，這樣長距離的騎乘通常身體很有感，脖子、肩膀、上臂、臀部都會感到酸痛！

3 中壢往返台北，一百二十公里

台北並非我熟悉的都市，特地騎乘到大城市，是為了熟悉城市中方向感，增加自己在擁擠人潮中慢速騎乘的穩定度，在騎經省道大馬路時，克服大車高速風切的恐懼，仍要穩穩的在自己的車道，但是這些經驗不能求快，一切以安全至上！

4 中壢到福隆，一百一十公里

往福隆的路上，必須經過山區新店、木柵、十分、雙溪，山路上上下下，日本也是多山國家，所以有山路騎程經驗非常重要，騎乘山路所訓練的肌肉群跟平地差很多，也增加大腿的肌耐力！騎乘山路踩踏的速度要盡量一致，不要忽快忽慢，容易抽筋，搭配變速系統使你上坡也可以很輕鬆；在這一次的訓練中，也練習了捽車，隔天順便練習了包車、上鐵路的全套模擬！

5 帳篷爐具的使用

趁著每次外出時，重裝騎程帶著帳篷到野外練習紮營，增加紮營速度，熟悉自己帳篷特性，了解睡帳篷可能遇到的情形，如悶熱、蚊蟲、不防水之類，並且使用爐具野外烹飪一下！

26

天草美景，爺爺最喜歡「天草」了

日期：2014.8.1
行程：熊本→天草
天氣：陰雨天 30 度
騎乘公里數：0 公里
花費：3,100 日圓（住 2,400）

圖為天草四郎巨型雕像。

一早收到來自台灣的訊息，台灣高雄發生氣爆意外，連日本新聞都緊急播映災難畫面，看了真是難過，在日本一個月，發現日本非常重視「生命安全」。一切都是生命最重要，雖然各大橋面沒有「預防自殺」宣傳告示，在街上這樣繞一個月就能感覺得出來，而台灣一個氣爆就死傷這麼多人，如果沒有人保護我們，那我們要更愛自己，更注意自己的安全！

我們在早上十點離開「快活 culb」，今天還是陰雨天，爺爺說還好我沒上阿蘇！我們搭平面電車前往巴士站，電車費用單趟一百五十日圓，車上有換零錢的機器，真方便！這幾天我整個就是進入「放假模式」，因為有爺爺當夥伴，不需要迷路、找路、安排路線，一個人的旅行，忽然有了夥伴，我將自己的心態調整為「放鬆、放空、不要拘泥」，就算是跟爺爺瞎逛熊本市區都好，所以爺爺要帶我去哪都無所謂啦！

到達巴士站後，爺爺立刻向櫃臺詢問，我就在旁邊瞎晃，這裡到處都是熊本熊的商品，而爺爺要帶我去哪裡呢？原來他打算去「有明海」、「天草五橋」等我不知道的地方，計畫裡沒這些景點，記得認識爺爺的那天，他曾說過九州最美的地方是天草（Amakusa），爺爺買了雙人急行巴士，堅持要招待我。

這個巴士站連接百貨地下街，我們先在商店街午餐。吃飯時，爺爺都會問我喜歡什麼？問我好不好吃？他很喜歡我吃飯開心的樣子，總說好像很好吃！也教我日文，「橋」跟「筷子」都是

天草四郎（1621-1638）像。

「hashi」發音，我說「因為筷子是食物與口的橋樑，所以都是 hashi？」爺爺忘記日本筷子漢字怎麼寫，想問服務員時，我立刻寫了「箸」字，他驚訝到笑說我才是日本人！爺爺年紀雖大，做事卻很有計畫，不懂的事一定會問人，且會規劃旅程及時間，要我放輕鬆慢慢吃，下午一點才坐車，腦袋真是超清楚的！

前往天草的巴士，因為天氣不好沒幾個人，爺爺要我們一人坐一邊，他說這樣不擠又舒服，爺爺就是很紳士、又有禮貌。這輛急行巴士其實也不急行，因為往「天草」沒有高速公路，一路上非常多停靠點，就是遠距離的郊區巴士，在司機左前方有個看板，有五十個小格（1至50號），每前進一站格子的價錢就會增加，從第一站上車會給你一號車票單（以此類推），對照看板就知道下車的車資，很聰明的方法，但缺點是公車上沒有任何站點提示，沒有廣播及跑馬燈，是輛很排擠外國人的公車！

▲ 天草四郎紀念教會，記錄日本史上最嚴重的宗教革命。

往天草的路上風景很美，雖然陰雨天，廣闊的海面，海天一色，散落其中的小島，這種自然景觀讓人沉迷忘懷，爺爺這幾天的招待、陪著我到處跑應該很累，上車後就睡著了，我也不知道要去哪！等爺爺醒過來才發現過站了，爺爺一直跟我說ごめんね（gomenne／對不起），我說大丈夫（だいじょうぶ／Dai-jou-bu／沒關係），旅行本來就是這樣！爺爺怕我熱，要我留在冷氣房，自己積極地到處問人，於是我們又坐上了另一台小巴士，因為坐錯站卻也因此認識好心的當地人（天草觀光促進委員）向我們介紹天草市，到了「千巖山」看「有明海」遠眺長崎（Nagasaki）（有看這麼遠嗎？），又到觀光商店試吃，有「試吃試喝」的，爺爺就會趕快拿給我，讓我真是幸せね（shiawasene／幸福）！

天草除了以「天草五橋」著名，還有「天草四郎」！「天草五橋」位在上天草市，由五個不同顏色造型的大橋連結上天草市的破碎島嶼地形，島嶼海景風光加上優美橋面真的超美的，唯一可惜的是我不是騎單車，不能隨意停下來拍照。天草美景只能深印在我的腦海，也許沒有相片讓我回憶，卻會印在我腦海裡更久。

天草四郎也是位了不起的歷史人物，年僅十六歲率領三萬多人對抗江戶時期的德川軍隊，這是日本第一次也是最嚴重的宗教戰爭。在織田信長時代，信長喜歡西方事物，西洋槍枝便是信長所改良，基督教在此時發揚，一直到德川家康所創的「江戶時期」感到西方威脅，採取「鎖國政策」並視基督教為邪教，有過踩腳耶穌的宣誓活動。五百年前的這一戰，三萬七千多人死亡，所以天草有很重要的宗教歷史故事！

現在日本當然沒有宗教限制，日本人對宗教很開放，神道教與佛教甚至基督教都融合在生活，爺爺說他會去神社祈福參拜，去教會也沒問題，但爺爺說日本的社神太多了，他不喜歡到處拜拜，就跟我在台灣一樣！我們參觀了天草四郎紀念教會，是造型優美的「西洋式教堂」，介紹天草的歷史故事，貼心提供中文耳機導覽，有3D影片可觀賞，還有一個「光之影」冥想室，燈光效果配上音樂，可以讓你冥想戰死靈魂獲得永生，而調皮的爺爺一直在這裡裝鬼嚇我……やだ（yada／討厭）！

下午四點多，我們遊車河返回熊本（Ku mamoto），沿途中爺爺看到河川，叫我仔細看河邊有個東西，なに（什麼／nani）？爺爺居然回我「河童」（かっぱ／kapa）來故意嚇我，爺爺是No.10（這是我與爺爺的玩笑話，No.1是好棒，而No.10就是好差勁）！繼續回市區壓馬路，

▲ 單車比賽「競輪」。

▲ 每個人都很專心地觀注比賽。

我意外發現日本的「單車賽賭場」，爺爺立刻帶我去體驗，好多男人擠在這個空間買票，等待賽事開始，牆上許多小電視播映賭盤賠率。比賽開始，大家都看著電視激動地吶喊，好high！一場賽事有八輛不同顏色單車與車手，類似香港賭馬遊戲，這是日本的「競輪」，爺爺一直叫我留在日本競輪，參加「kyakyakya 比賽」（kya 是競輪發出的聲音），薪水超高，他說我的腿很有力，跟相撲（すもう／sumou）一樣，他就會模仿「相撲」動作笑我，真是やだ（yada／討厭）×100倍！

晚餐我們又到やよい軒吃飯，遇到爺爺之前，我都是在超市解決三餐，沒想到在我快回台灣的時候，遇到爺爺帶我享用這麼多的日本在地美食！教我怎麼吃，在餐廳裡還能跟爺爺聊天說話，真是好幸福！爺爺說在日本就屬熊本（Kumamoto）的水最好喝，因為阿蘇山系高又廣大，一滴水從阿蘇山沉澱要五十年，所以我喝到的一杯水也許要一百年的時間，「すごい！」（sugoi／好厲害）

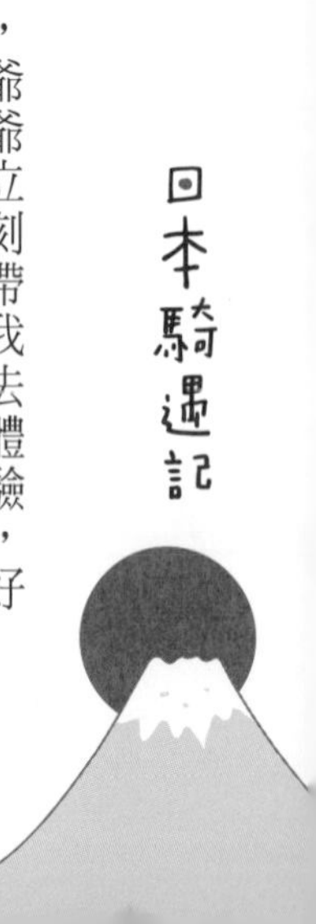

爺爺也向我示範，如何證明水質的好，他以牙籤沾了醬油，再放到水杯，這樣水就有味道了（由於純淨的水只要有一點雜質異味，味道會有所不同），但我根本喝不出來，最後爺爺惱了，直接倒醬油在我的杯子裡說這樣總有味道了吧，讓我哈哈大笑！不過這件事讓我覺得，生活在好山好水的地方，自然無汙染，味覺當然很敏銳，這幾天吃大餐下來，你問我日本什麼最好吃？我的答案是「水跟白米飯」！乾淨的水調出的飲料、茶飲當然美味，光是水都能喝出新鮮的感覺；無汙染的農田產出好吃的稻米，任何一種餐點搭上白米飯都是美食！

這幾天爺爺一直招待我，讓我很不好意思，曾經偷偷買單，但是爺爺還是會要我把錢收下，他說我一個人旅行在外需要用到錢，又說他是大人，我是小孩子，所以他付錢！每次上演推來推去的戲碼，爺爺還會假裝生氣，真是拿他沒轍。

爺爺計劃明天帶我上阿蘇坐纜車，我想勸爺爺颱風天別去了，也不想讓他多花錢，爺爺立馬就到電器賣場看電視新聞，真是好聰明！在電器賣場，果真有播出氣象，有兩個颱風往日本襲來，真擔心！我們從電視的播放聊到日本職棒，我向他誇獎日本隊很厲害，他居然靦腆地說はい（hai／是）！再說到台灣的玉山（三千九百五十公尺）比富士山（三千七百七十六公尺）高，他居然失望的說ほんとう（hondou／真的嗎）？日本是第二名？一副很氣惱的樣子也太爆笑了吧！日本人果然是很好強，第一名會低調開心，但是你說他輸了，他卻明顯的失望，這也是一種日本人愛國的表現吧！

日本夏季有許多慶典，正好熊本週末將舉辦節慶，很多女孩穿著和服（きもの／kimono）、浴衣（ゆかた／yukata），男人卻很少，どうして（dousite／為什麼）？爺說穿浴衣很熱，男人不愛，他也不喜歡，甚至只有一件浴衣。我們總是邊走邊聊天，可以問爺爺好多問題，像是有沒有種植物？因為日本人喜歡在家門前種滿美麗的花朵，他說沒有，因為他到處亂跑，沒人照顧花草會死掉（他一個人住？）！喜歡穿西裝嗎？他說不喜歡，很束縛，以前穿很多次了（可見他以前也是位白領上班族）！跟爺爺相處了兩天，我發現爺爺很厲害，他是會跟任何人詢問、聊天，而且是位有禮貌的日本老人，喜歡年輕的事物，上網咖找生活的樂子，所以活得很開心，我旁敲側擊推測爺爺，但不過問爺爺的私事，因為當下相處的感覺最重要！我們這兩天就一直互相學習，爺爺表示我回去了他會很難過，我想我也會非常難過……

九點多，我們返回「快活club」度過第三天沒有洗澡的夜晚。

人一直是旅途中最美麗的風景

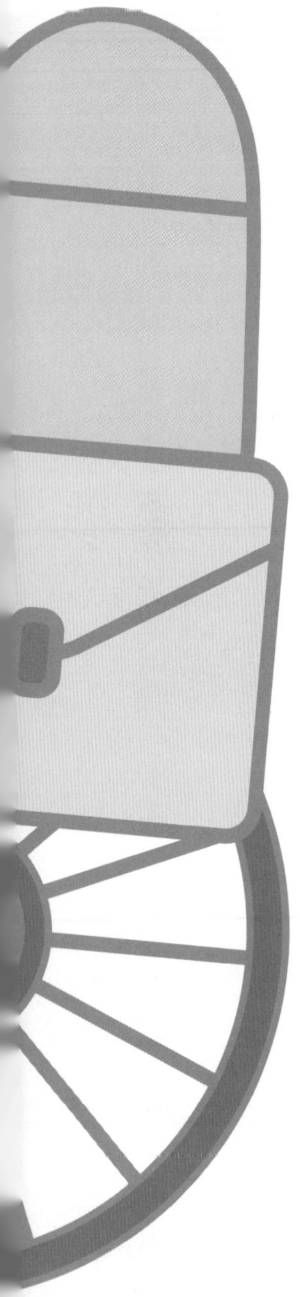

27

跳舞吧！火之祭典

圖為火之祭典，認真跳舞的人們。

日期：2014.8.2
行程：熊本一日遊
天氣：陰雨天 28 度
騎乘公里數：0 公里
花費：3,000 日圓（住 2,500）

早上有人叫我雪チャン，說聲早安的感覺真好，今天是我跟爺爺一起旅行的第四天，爺爺打算要帶我去阿蘇坐纜車，十點多離開「快活club」，已經住在這裡三天了，跟「快活club」服務生變得熟絡，今天果然還是下雨天，我們打消上阿蘇的念頭，準備搭乘電車到辛島町！

爺爺擔心我淋雨感冒，在等車的空檔參觀了通訊門市「SoftBank」，也順便躲雨。這裡販賣的手機品牌跟台灣不大相同，一樣有Apple，但沒有HTC、SANSUNG，手機的款式變化也比較多，一樣綁約有無線上網方案！

因為下雨無法上阿蘇，爺爺一直跟我ごめんね（gomenne／對不起），他覺得無法讓我完成旅行很不好意思，其實心裡早就打算沒任何計畫的跟爺爺旅行，即使是壓馬路也行！隨後我們到了「辛橋町」商街，街上有間擠滿人的「激安」（gekiyasu／超便宜）販賣新鮮蔬果的小型超市，我們也一起人擠人，爺爺買了我最愛的もも（momo／水蜜桃）、ぶどう（budou／葡萄）。在日本很少看到傳統市場，也許這樣衛生又乾淨吧！因為河童喜歡吃小黃瓜，而且我記得小黃瓜的日語，因此指著小黃瓜問爺爺喜歡嗎？爺爺回答喜歡，我說你是河童，爺爺發現掉入陷阱後，哈哈大笑！

晚上熊本市區將封街舉辦「火之祭典」，同時是土曜日（どようび，doyoubi／星期六），逛街的人明顯增加，有種歡樂的感覺，調皮的爺爺跳著祭典舞說晚上來參加祭典！街上有許多

▲ 專門擺放熊本的相關書籍，方便民眾尋根，了解故鄉。

活動，有各城市「觀光促進」攤位，攤位前有穿著正式的年輕「看板小姐」，綺麗（きれい／kirei／漂亮）！大家都好奇「日本爺爺」與「台灣女孩」的組合，我說爺爺是日本的友達（ともだち／tomodachi／朋友），我們一起旅行！爺爺向大家介紹我是台灣人，再大大地誇獎台灣，許多日本人就主動向我握手致意，真是榮幸，因為有爺爺，讓我可以做「小人物國民外交」，但我想大家更覺得這個爺爺很棒，很可愛吧！有遠來自名古屋（Nogoya）的觀光推廣，以及長崎（Nagasaki）、大分（Oita）、別府（Beppu）、鹿兒島（Kagoshima）、福岡（Fukuoka），正式又歡樂的感覺真不錯！順便一提，這裡不但可以得到很多旅行資訊，還有日本小物贈品、糖果，千萬別錯過！

爺爺對無法上阿蘇的事，還是很在意，我們又到「河童書店」，爺爺找了一本「阿蘇圖文書」，說這次不能去，先看看阿蘇照片吧！其實去不去阿蘇真的無所謂了，旅行就是很難預料，尤其是天氣，但是爺爺這樣細心，真是讓我感到很溫暖，

與熊本熊一起參與祭典。

眼眶濕濕的！之前的旅行一直前進，因為沒有理由停留，老天對我很好，知道我很累、膝蓋痛、手掌痛，車快壞掉的時候，居然讓我遇到一位可愛的爺爺，熱淚盈眶看著書，心裡滿滿感激，更捨不得即將與爺爺分離！

這間大型的「樸素」日本書店，店內仍然有提供民眾看書的空間，兒童區有兒童桌椅，另有規劃「在地熊本」區，擺放關於介紹熊本的書籍、熊本出身的作家，真的很用心！日本書店裡單純只賣書本、雜誌，不販售其他文具，雜物類！爺爺說他以前喜歡看書，但是現在年紀大傷眼睛，喜歡在網咖看影集。

看完書後，中餐我們一樣在やよい軒，我點爺爺最喜歡的套餐，果然超好吃的！隔壁桌的大叔獨自用餐，爺爺也跟他聊天，說大叔點的茄子超好吃，大叔也喜歡台灣因而向我握手說感謝，還夾了茄子給爺爺品嘗，爺爺很開心，也太妙了吧！但是用筷子夾菜不是無禮嗎？跟爺爺一起旅行時，我常有種「郭襄與洪七公」在浪跡天涯的感覺，認識各方好漢，但金庸小說裡兩位人物沒見過面。

火之祭盛況。

中餐我們聊日本人與台灣人的差別，我在福岡的那兩天，一直有路人向我問路，真奇怪？爺爺說我不說話時有像日本人，但一開口哈哈大笑，就破功了！日本女性說話可是輕聲細語的，但爺爺表示結婚後，就不是這樣囉！有六成日本女人會「背著」老公翹腳，也是很粗魯的！我想日本女性也太慘了吧，幹麻要「偽裝」得這麼辛苦，而且地位不高，真可憐，爺爺說在亞洲（日本、台灣、韓國）都是男人出去工作，女人伸手拿錢，因此地位就低了。

順便跟爺爺抱怨在休息站被叫「歐巴桑」的事，還好在爺爺這裡得到安慰，爺爺說要五十歲才是歐巴桑，我還是小姐啦！（笑）福岡縣大宰府這地名好有韓風？爺爺說，中國（歷史五千年）是日本的爸爸、韓國（歷史三千年）是日本的媽媽，日本歷史只有二千年，所以受到中國、韓國很多的影響。這位百歲爺爺腦袋真是聰明，他在回答我這些問題時候，還會謙虛的說：「我想應該是。」

PS：在日本平價餐廳用餐，一餐約二百五十至三百元台幣，提供冰水、熱茶，位置隨你坐，不限時，用餐時間常客滿，如果在超市約二百元台幣內搞定一餐（便當、甜點、飲料），來日本都可以嘗試看看！

下午我們逛了很多日本的商店，「單車店」、「運動用品」、「生活百貨」，在一個小廣場前看年輕人跳熱舞，居然出現「鄧麗君」的電音舞曲，我說這是台灣歌曲，爺爺居然知道鄧麗君，說她臉圓圓很漂亮，唱歌很好聽，但很年輕就去世了！每當看到日本街頭表演時（姬路城看到打太鼓、大阪的天神祭、熊本的熱舞），這些活動是不分年齡的，從成人、青少年、國小、甚至小小孩都會參與演出，「共同參與」的感覺真的很棒！日本有好多「大的誇張」的柏青哥電玩店，爺爺說那是賭博，是不好的活動，浪費錢、浪費時間，裡面又臭又吵，順便帶我進去Pachinko晃一圈！

日本的單車店多是通勤車，每輛車都配備車燈，藉由踏板動力轉換電力，超環保！我也好想要這種，但是這種車就相對的「重」了！運動用品設備花樣都比台灣變化多，但是價格昂貴，爺爺一直問我喜歡什麼，他還要買個禮物送我，我怎麼能再收爺爺的好意呢！

我們到「鶴屋」百貨休息，等待晚上的祭典，好多穿著特殊服裝的人，原來是晚上祭典的服飾，好期待！「鶴屋」百貨樓上是用餐區，有許多獨立的中國餐館，鼎泰豐也在這裡，價錢在日本算是平價，人潮就沒有像在台灣這麼誇張！在日本一個月以來，看到的「中國餐廳」，尤其是「台灣餐館」通常是不入流的餐廳，那種程度就像是台灣的「越南餐館」，中國餐廳還好一點，但絕不是日本高檔路線，一直在想為什麼會這樣？明明中國歷史更悠久，食物也很好吃……

晚上是熊本夏天「火之祭」，我跟爺爺參加了祭典，好多觀光客跟民眾，大家都在路旁準備欣賞！第一次看到祭典真有趣，有不同的團體（學校、企業）一起跳舞，穿著祭典服裝，但是每個隊伍跳的舞步是一樣的喔，就如同爺爺上午跳的祭典舞，襯著熱鬧歡樂的音樂，年輕學生、上年紀的婦人等都充滿元氣，好high的一夜！

九點多活動結束了，晚餐是「烏龍麵」。烏龍麵居然有冷熱兩種選擇，平價又好吃，拉麵是喝湯頭，而烏龍麵是吃麵的口感，又Q又有彈性，店裡面都是日本年輕人，是在地美食！餐廳裡，爺爺使眼色叫我看隔壁桌的浴衣女孩們，果然是穿著浴衣翹腿，粗魯大聲講話，驗證了爺爺說的話！其實這幾天沒騎單車，只是在街上晃，坐巴士去天草，還是感到疲累，晚上十點多回到「快活club」都快累癱了，爺爺一定也很累，但是他都會先幫忙準備冰淇淋，拿些小東西給我吃，每當想到爺爺對我的好，不禁鼻酸，明天將跟爺爺一起返回山鹿！第四天沒洗澡了，在殘障廁所洗頭，無法洗衣服，全身髒兮兮……

存著感恩的心，讓我在旅行過程中非常幸福

◀簡單的烏龍麵，加上了炸酥餅、玉子，很好吃！

About Traveling

預防運動傷害 1/2

單車是一個非常好的全身有氧運動，騎乘時單車與你結為一體，每一處都要符合人體工學，騎乘起來就會舒服，通常在第一次的長騎乘，會讓你全身非常有感，可能會在肩頸、手臂、下肢痠痛，初次的肌肉酸痛是正常的；但若一直處於疼痛不適，可能需要重新調整姿勢高度，以下是騎乘後常見的運動傷害：

1 肩頸痠痛

騎乘時，上半呈現放鬆狀態，手臂勿出力，頭部直視前方，若是仍有不適，要注意是否高度不適合，千萬不可忽視脖子痠痛的警訊。

2 手掌痠痛

長時間的上肢神經壓迫，可能導致小指外側及手腕疼痛，建議更換軟硬適中的手把，一定要配戴手套，減少震動造成的不適；騎乘時應變換姿勢，休息時要多做手部的伸展，另外適時的調整剎車鬆緊度，注意這些小地方都能減少手部不適！

3 下肢疼痛

長時間的騎乘，可能造成膝蓋、足踝及足跟的不適，運動後一定要收操，伸展緩解，並挑選適合的硬底鞋，甚至穿著卡鞋會更適合長騎乘；腿部肌肉使用過度，容易造成膝蓋外側疼痛（髂脛束摩擦症候群）；足部發生阿里斯腱發炎，足底筋膜炎等，避免太激烈，太重或是劇烈高速的踩踏。下肢不適最好透過平時的練習，扎實的運動訓練才能大大減少下肢運動傷害！

（P.210 待續）

28

一起回山鹿！

日期：2014.8.3

行程：熊本→山鹿

天氣：陰天 28 度

騎乘公里數：45 公里

花費：2,100 日圓

（住 2,100）

圖為回山鹿經過的田野。

爺爺所指方向即為山鹿。

旅程即將結束，我們一起騎單車返回爺爺的家鄉——山鹿（Yamaka），我們真的是幸運二人組，九州已經連續雨天多日，今天居然是個適合騎乘的好天氣、涼爽的陰天，爺爺一直喊著「Nice, you are a lucky girl!」旅程中這是第一次折返，也許我跟九州有緣、跟熊本有緣，再回山鹿是一種很奇妙的感覺！跟爺爺一起回去也讓我放心，爺爺陪我騎到熊本那天，雙手晒傷，屁股也痛到坐不住，我們一起回山鹿，一路上也互相有照應！

這次一起騎車，比起第一次騎到熊本，我們更加熟識，騎單車的途中會玩很多有趣的遊戲，爺爺跟我會猜測遠方行人的性別，爺騎車都會與路人主動打招呼，我也跟著一起こんにちは（konichiwa／你好），爺爺說我的問候說得太快，是美國式說法，日本人聽到會覺得口氣很兇，他用假音放慢速度示範こ・ん・に・ち・は，看到遠方路人要test，果然日本人超吃這套，對方受寵若驚開心的回應，讓爺爺超得意的，我則是笑到不行！爺爺也教我好多日語、蜻蜓（とんぼ／tonbo）、烏鴉（からす／karasu）、西瓜（すいか／suika）、柿子（かき／kaki）等許多單字，一路上爺爺看到的都會教我！

▲ 烏鴉經常亂咬垃圾。

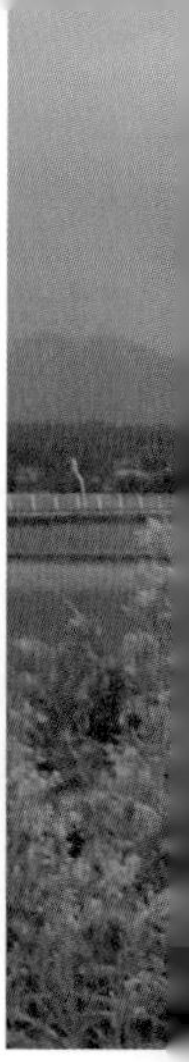

途中看到烏鴉在追逐老鼠，真是嚇人，爺爺說日本人很討厭烏鴉，烏鴉跟禿鷹一樣是肉食性，吃老鼠、野兔甚至是人的屍體，但是不能獵殺烏鴉，否則會被警察抓走（來日本前，我以為日本人很愛烏鴉，是幸運的象徵）。熊本的農田滿滿蜻蜓，是我從來沒見過的畫面，我問爺爺這裡應該很多蛇吧？（蜻蜓多，青蛙多，自然蛇就多了！）我們就可以從「蛇」的話題再扯到「吃狗肉」，很喜歡跟長者東南西北的亂聊天，尤其是這麼可愛的爺爺，我常跟他說：「雖然沒去阿蘇，但『你』是我最美的風景！」又有一段路我們短暫迷路，所幸我憑來時的記憶找到了往山鹿的指標，爺爺超不好意思的說：「I am mistake, I am really sorry.」笑著說我是日本人，他是台灣人了！

九點多開始出發，騎到十一點真是手軟腳軟，還好我預藏了もも（momo／水蜜桃），我跟爺爺一人一顆當作點心，水蜜桃是爺爺買給我的水果，要我夜裡當點心，我留著與他分享，他卻反而說我心腸好，很善良。爺爺人真好，他善良的精神更值得我學習！

這四十公里的路對爺爺其實不輕鬆，還好我們邊聊邊騎，很愉快地回到山鹿，一到了山鹿，爺爺整個大放鬆！他帶我去當地的迴轉壽司（一盤一百日圓），便宜又好吃。在進餐廳之前，爺爺發現了一隻せみ（semi／蟬），立刻抓來玩，還把他放在包包上準備偷渡進餐廳，他說不知道，是蟬自己掉下來的！於是老頑童跟小頑童多了一隻寵物——SEMI！這餐廳滿滿的在地人，我們排隊等候位置的同時，調皮的爺爺居然把蟬拿給旁邊的子供（こども／kodomo／小朋友）玩，小男孩嚇死了！這間迴轉壽司店，每個桌子都有螢幕可以點餐，當你點的餐快到時，螢幕還會有音樂提醒你拿取轉盤上的壽司，既科技又聰明啊！

每一次吃飯我們都是東聊西扯，這次交流的是手機，我用手機裡的照片告訴爺爺我在台灣的故事（跑完了馬拉松之後大哭，參加鐵人賽快溺死，騎單車摔倒，辭職來日本玩，回台灣要找工作），爺爺好吃驚，也說我很浪漫，才會一個人出來旅行。年輕時他也愛一個人到處旅行，也許我們才這麼投緣吧！爺爺說下次我們再一起騎去四國，一起坐火車到黑部立山，他說他有國民年金，一個月存三千日圓，這樣就可以招待我了！爺爺這樣的心意真是讓我好溫暖、好感動！

除了看照片，我使用翻譯APP直譯爺爺口說的日文，讓他超吃驚，一直說這是很棒的機器，他要去買一台，爺爺接受新事物的心態，讓他永遠覺得世界很新鮮，永遠有樂子！人跟人之間的交流就是這樣有趣！分享各自覺得好的事物，學習對方的優點，讓自己更好！日本在大化維新時期，就是拼命吸收西方強國的優勢，然後變成自己的優點，變成亞洲強國！

餐後，爺爺要招待我泡湯，因為我們四、五天沒洗澡，也沒換洗衣物，爺爺先到大型商店去買些換洗衣物，他還特地買了跟我一樣顏色的衣服、鞋子，加上我曾說「甘酒好吃」，他還貼心的買了甘酒給我喝，爺爺對我就像是對孫子這般好，這幾天想到即將跟爺爺分開，我總是忍不住鼻酸，我想分開的那天我會崩潰吧！

這次爺爺帶我到他平常泡湯的地點，是旅館附設的小湯屋，設備非常簡便，不像さくら（sakura／櫻花）那種的觀光溫泉，其實在台灣時對溫泉沒什麼興趣，甚至淺陋的覺得泡湯就是跟洗澡一樣，但是到了日本真的看到了神奇療效，在旅館的湯屋裡，這些奶奶們（おばあさん／obaasan）對於外來客都很親切，主動向我打招呼，她們皮膚都很好，又白又嫩耶！看起來頂多五十幾歲，但是實際年齡是七十幾歲了，我直說綺麗（きれい／kirei／漂亮）！歐巴桑都好開心，她們說天天都來，溫泉很棒！這裡的溫泉雖然設備簡單，池子不大，但是有源源不絕的溫泉水流出，水質非常乾淨，一邊是冷泉三十五度，另一邊是三十八度，真的是可以舒服地泡上一整天，冷泉的出口泉水可以直接飲用，很甘甜，我為了「永保青春」貪心狂喝了不少！

附設於旅館中的湯屋，
真正道地的溫泉。

湯屋裡來了外地人，歐巴桑們都對我好奇，我的旅行故事讓她們驚奇，一直問我幾歲，要介紹她們的兒子給我認識；還有一個婆婆，主動問我「高雄氣爆」的新聞，她們也都很關心這個意外，但這都是「比手劃腳」所溝通而來的，因為懂英文的日本人較少，不過整個過程都是非常有趣，很佩服自己沒穿衣服還可以在陌生人面前比手劃腳！在台灣因為游泳，我很習慣在女生面前裸體，才能有這個樂趣，而日本公眾湯屋都是裸湯，禁止帶毛巾入湯，除非泡私人湯！爺爺說日本有一些是男女混湯（男女共浴），他年輕時常去，可以好奇的到處亂看，現在則是喜歡男湯，甚至他可以邊睡邊泡，泡上一整天！體驗了日本的在地的溫泉後，我真的相信爺爺可能一百歲了，日本的溫泉讓人皮膚這麼好，看起來起碼年輕二十歲！溫泉真的太神奇了，好羨慕「山鹿人」隨時能泡泡回春湯的感覺，真幸福！

晚餐是超級好吃的鰻魚飯還有蕎麥麵，有在地人教導，我終於會吃蕎麥麵了，記得在東京第一天晚餐是可怕的蕎麥麵，原來是我吃法錯誤！道地的鰻魚飯，醬汁好棒，可以讓你吃光好幾碗飯，鰻魚也是軟軟QQ，又香又甜，是我心目中日本美食的第一名！

晚上住在山鹿的漫畫王，這是爺爺在山鹿最常待的地方，爺爺一副輕鬆自在向我介紹店內，他可是在這邊花了好幾十萬日圓，是超級VIP，爺爺喜歡韓國歷史劇，推薦了「大長今」、「朱蒙」等大作，想不到韓風也入侵日本，架上滿滿韓國浪漫偶像劇，其次是日本及西洋影集，我找了好久都沒有看到台灣的作品，僅有一部中國劇「步步驚心」放在角落，真是讓人小難過！這種漫畫王，是複合式的娛樂場所，有KTV、飛鏢室、撞球場、漫畫雜誌影集還有電玩室，託爺爺的福氣，用護照辦好了VIP卡之後，今晚有一個雙人的大房間，有個幸福的一晚。

跟爺爺相處幾天下來，我和爺爺總是一直互相誇獎對方，我說因為有聰明的爺爺，讓我更認識日本，很幸運！爺爺說我這麼開朗非常好，很可愛，很認真聰明，也說我離開他會想念我，他也要大哭一場，明天我將要從福岡機場飛往東京成田，爺爺堅持要送我到機場，今晚也是我與爺爺的最後一晚！

用心體會，旅行中的一切，處處都是驚喜

◀ 河童（kapa）是不是很醜？！水池邊的河童像，其身上及水池都有銅板，所以是好妖怪？好神明？

About Traveling

預防運動傷害 2/2

4 會陰、臀部疼痛

不適當的坐墊及長時間的壓迫，都會導致會陰部壓瘡、破皮、壓痛，騎乘時要變換姿勢，使會陰離開椅墊休息（站姿騎乘），減少臀部受壓；女性生理期間，可使用衛生棉條或是減少騎乘時間，舒緩不適症狀。

5 抽筋

過度運動或是大量流汗，導致的電解質失衡，都有可能導致抽筋，在過度流汗的情況，要適時補充鹽分、電解質等，如有抽筋前兆，請先休息並做伸展肌肉運動，按摩緩解。

6 擦傷

先以清水或生理食鹽水清洗傷口，在以優碘消毒；視受傷情況，勿勉強繼續騎乘，以免造成二次傷害。

7 泌尿道感染

長時間的騎乘，又加上運動流汗及悶熱的車褲很容易發生泌尿道發炎，症狀是小便疼痛甚至血尿，要特別注意定時如廁，也要補充足夠的水分，如果真的發生了泌尿道感染的初期症狀，建議可以多喝蔓越莓汁及多補充水分！

29 渕上爺爺再會了！

日期：2014.8.4

行程：山鹿→福岡空港→成田空港

天氣：陰天 28 度

騎乘公里數：5 公里

花費：5,000 日圓

（郵票 1,500，伴手禮 3,500）

圖為山鹿市街一景。

▲ 與渕上爺爺聊天時，常透過紙筆來表達意思，日本漢字跟中文很相似，也是我選擇日本旅行的原因之一！

今天是離開九州的日子，為期三十天的日本旅行也將進入尾聲，爺爺堅持要送我到福岡機場，而我特地早起準備禮物要送給這位居住在山鹿的渕上爺爺，這真是感傷的時刻，淚點超低的我，對於小丸子與友藏爺爺的分離幾乎無法招架，邊做禮物邊哭慘了，擤鼻涕也不敢太大聲，體貼的爺爺會以為我感冒，問我是不是病了……

今天九州仍是陰雨天，就像是我跟爺爺的心情，灰濛濛的，有些blue……，十點多離開山鹿漫畫王，爺爺帶我去日本大型連鎖餐廳「すき家」（sukiya），這間餐廳是旅行途中遇到頻率最高的餐廳，在大都市或是郊區都有。我在騎車時，一直希望在旅行結束前來嘗試看看，沒想到爺爺就帶我來了！爺爺教我吃「生雞蛋拌飯」（如圖左），台灣人很少吃，我也很害怕吃生蛋，但有爺爺的介紹，一點也不覺得可怕了，生雞蛋拌在白飯裡，飯黏黏的，口感倒是出奇的滑順，爺爺說雞蛋要很新鮮才可以這樣吃，否則會吃壞肚子！再加上牛丼，這個早午餐真是讓人非常滿足難忘，但因為即將要離別了，我們不像往常這麼多話，我把瓦斯瓶及爐頭這些野炊吃飯用具送給爺爺，相信愛趴趴走的爺爺一定會用到，他果然很喜歡，高興地說 You are so kind! 同時，爺爺規劃往福岡（Fukuoka）的公車路線，準備要帶著我坐公車到福岡機場！

果然跟山鹿超有緣，再次來到山鹿公車站及溫泉觀光介紹所，上回來的心情跟這次完全不同，誰會知道我能認識一位來自山鹿的爺爺，還一起旅行，這一切都太神奇了！我留在公車站拆解車體，爺爺則是騎車到處奔走，原來他到山鹿郵局買「紀念版明信片」要送我，而我花了三十分鐘拆車裝袋，山鹿市真是個淳樸鄉村，拆車期間有大叔來跟我聊天，大家都對我這個台灣人相當客氣，非常友善！

拖爺爺的福氣，我跟我的小紅馬才能一起上公車，跑市郊的公車是小巴士（頂多坐二十人），一段經縣道 195 號從山鹿到平山，另一段經縣道 4 號從平山到南關，最後由南關轉達高速巴士直達福岡空港！這段路我們換了三班公車，爺爺在上車前都會客氣的詢問司機，「我們有外地人要到福岡空港，可否通融讓我們上車？」司機都會接受爺爺的請求，小巴士內部空間不大，並沒有

特殊行李放置的空間，我只好緊緊抓著單車，車內的乘客都對我們好奇，紛紛轉過頭向我們致注目禮，車上的乘客多是老人及小孩，感覺是個青年外移嚴重的鄉下！坐了幾次公車，也發現日本公車文化，日本的巴士在起步或是剎車時，司機都會溫柔提示，然後非常溫和的前進或是停車，不會有讓人有跌倒的窘境，下車時也不需要匆忙，司機也不會不耐煩催促，車上通常有零錢兌換機，非常方便！我向爺爺大力誇獎日本公車，可愛的爺爺在下車時，還會轉達我的讚美，讓公車司機也很開心，渕上爺爺真是一個很棒的人，尤其在做人做事方面！

搭乘公車的途中，我們需要轉乘公車，爺爺擔心淋雨會感冒，要我在屋簷下等他，而他自己則去遠處的公車站牌等候，確定好時間才要我準備搭車，我開心的表示在雨中旋轉很浪漫，淋點雨沒有問題；爺爺還會幫忙驅蚊，他說這蚊子雖小動作卻很快，我說是「忍者蚊子」；等待公車期間，很擔心會錯過，爺爺說日本公車很準時，如果是準點的車，去程與回程的公車會在公車站交會，就算沒人候車都會停留站牌稍待乘客。我告訴爺爺台灣的公車沒有時間班次，有時候舉手車子也不停……爺爺說日本人被教育得很聽話，很守秩序，做什麼都要排隊，如果他在馬路上舉手大跳要公車停下來，明天可能就會登上報紙！

爺爺喜歡台灣的自在隨興，Koji 也喜歡台灣親切自由，他們喜歡台灣的優點，這不就是與我初到日本羨慕日本的一切是相同的道理嘛！跟爺爺的這次對談讓我很有感觸，原來我們總是羨慕

自己所沒有的特質，殊不知別人卻覺得我們也很棒，台灣跟日本是不同的國家，有不一樣的歷史文化，導致不同的民族性，如果一味地以日本的優點來要求台灣，也太苛求台灣了！希望回國後，不要抱著外國的月亮比較圓的心態，對台灣忿忿不平，出國增長見聞是為了讓自己更好，但若是變得眼高手低，討厭台灣，我想就本末倒置了！

我們下午三點多還在轉乘巴士站，爺爺很怕我趕不上五點的班機，一直對我ごめんね（gomene／對不起），捨不得跟爺爺分開，我甚至覺得坐不上飛機也沒關係……從南關搭乘快速巴士經高速公路，一個小時不到就抵達福岡空港，爺爺陪著我報到、郵局寄信，還好班機延誤，我有時間向爺爺好好道謝，他居然感謝我陪伴這麼多天，這禮拜他非常開心，一直說ありがとう（arigadou／謝謝），表示離開後他也要哭了，我將準備好的小卡片禮物送給爺爺，他超驚訝的問我是不是晚上都沒睡覺在做他的禮物！我的眼淚早就不受控制潰堤，真的非常感謝他這麼照顧我，很捨不得他老人家，我一直告訴爺爺要保重身體，我們下次再一起旅行……

爺爺一直送我到出關，我邊哭邊揮手直到盡頭，生平第一次在機場演這種戲碼。到了候機室平復心情後便準備上機，經過登機走道往空橋走去，沒想到爺爺一直在等我，他隔著玻璃向我揮手告別，「老頑童與小頑童的日本幸福之旅」正式告一段落……

受到颱風的影響，晚上的飛行並不平順，多次遇到亂流，下降時又在上空盤旋許久，乘客們也顯得不安，真是嚇死了！還好總算是平安抵達成田空港。這次回到成田空港感覺真的不一樣了，一個月前初抵達成田空港的緊張害怕，現在反而是一種輕鬆自在，我對自己有這樣的心態轉變感到驚訝！八點多抵達成田空港，今天有個重要人物要迎接我，同樣是從台灣來的「狐狸」，是臉書上的朋友，旅程途中多虧狐狸提供許多建議與經驗分享，讓我可以順利完成旅行，而這天也正好是她到日本單車環日的最後一天，我們約定在成田機場見面小聚。

不出發，你永遠不知道會發生什麼

30 台灣，我回來了！

日期：2014.8.5

行程：東京成田機場→桃園中正機場

天氣：晴天 32 度

騎乘公里數：0 公里

花費：1,500 日圓（食：1,500）

圖為台灣桃園中正機場內部一景。

與狐狸相遇之後，沒想到我能夠在成田空港（Narita airport）認識這一位「台灣自行車高手」，她的「163日」環日一圈，我居然可以稍微參與到，連我都好興奮！這天我們聊了一整夜的旅行經驗，分享在日本的趣事及在旅行期間的想法，有種相見恨晚的感覺。

我們聊到許多台灣與日本的差異，她佩服我帶著「國旗」在日本旅行，她也是個對台灣現狀很有感觸的台灣青年！在日本的期間，發現日本人非常以自己國家為傲，與台灣的現況相反，多數台灣人總是抱怨台灣，如果我們都不愛台灣，台灣如何有力量更強呢？要讓自己更強，也愛著這塊「美麗的台灣」，我想一代代下去，台灣會有更多正向的力量吧！

感覺這天就是我們各自旅行的總結，是個完美的 ending！狐狸超人的意志、體力、對於夢想的追求，讓人佩服，她眼神裡散發的脫俗氣質，令人難忘，是個特別的女孩；念藝術的她拍的每張照片都美麗得讓我驚艷，我相信她一定能完成單車環遊世界的夢想！這一夜我們幾乎沒什麼睡，聊到凌晨三點多，五點多我便準備報到手續，有來自台灣來「狐狸」送機真溫暖！回程是一趟平穩的飛行，三十天的日本單車之旅正式劃下句點。

早上還在成田空港，不到中午就抵達桃園中正國際機場，熟悉的台灣有著放鬆的空氣，自在的氛圍，最美的室內空間就是桃園機場！入關之後，有一塊歡迎回家的招牌，讓淚點很低的我，極為感動。桃園中正機場離中壢健保局好近（約二十公里），見見老同事再回台南吧！誰知道桃園機場周圍都是高速公路，凡而不能騎單車離開，只能搭車離開機場，一路上就有熱心的公車司機主動幫我扛行李，另有好心的台灣人助我一臂之力，在我後面悄悄幫我扶單車，台灣人的熱心是你不用開口就有人主動幫忙。本來覺得習以為常的事，真的要離開台灣之後，才能體會台灣的好！（在日本摔車，或是搬運車子，我從未遇到有陌生人「主動」幫忙。）

這一個月的時間過得好快，好像做了一場美夢，想當初我在成田機場既緊張又害怕，被海關以為我是來日本亂的，不會日文、英文也很爛，居然可以在日本存活一個月！騎了一千八百公里路，去了東京、橫濱、鎌倉、靜岡、名古屋、京都、大阪、神戶、廣島，以及九州福岡、熊本，把我知道的日本都市都跑了一趟，看了好多的美麗風景，認識許多旅行中的朋友！「人」一直是旅行中最美的風景，陌生

人鼓勵的握手擊掌、大卡車加油的喇叭低鳴、旅館內將的協助，及熱情的 Hidemizu 夫婦，讓我有個開心難忘的一夜，更開啟我有勇氣與日本人交談，而渕上爺爺讓我看到更多的日本人文，並受到他溫暖的照顧，認識一位這樣可愛的爺爺，真是我的福氣！我們也約定以後還要一起旅行，所以小丸子跟爺爺的幸福旅行一定還會有續集！

這次的日本單車之旅生活花費約四萬五千元台幣，機票約一萬五千元台幣，旅程中紮營六天、摔車次數三次、修車三次、遇到三個颱風，夏季晴天平均騎乘溫度三十五度，旅程結束瘦了五公斤！整個旅程中沒生病，沒拉肚子，沒被警察抓走；透過網路讓許多朋友跟著我一起旅行，我真的很幸福幸運，這短短的一個月會是我人生最美麗的回憶！

這三十天的故事，就像一場美夢

小紅馬再度踏上台灣的土地，很不一樣的感覺。

About Traveling

獨自旅行注意事項

1 對環境要有警覺性，注意所處的環境四周人、事、物，減少逗留讓自己不安全的環境（如夜店、電玩店、居酒屋……）。

2 不接受陌生人的私下飲品、食物，避免有發生傷害意外的機會。

3 獨自出門千萬不要有凡事依靠他人的想法，省錢旅行適可而止，以免發生無法彌補的憾事。

4 對人熱情，卻也不忘保持警戒，當你發現不對勁、不舒服時，禮貌委婉轉身說再見。

5 在面對危險及無法掌控的情況下，請冷靜，一定要向人求援，千萬不要為了冒險至自己於險境！

◆日本重要連絡電話

1 警察局：110
消防局：119
接通時，告知自己是台灣人，即可轉接翻譯中心。

2 台北駐日經濟文化代表處（東京）：03-3282-7811
急難救助：（81-3）3280-7917（24小時專人接聽）

3 台北駐日經濟文化代表分處（大阪）：06-6443-8481

4 台灣外交部緊急聯絡中心：001-010-800-0885-0885 或撥 0033-010-800-0885-0885

5 全日本救援英語熱線：0120-461997

6 日本警察局英文熱線：3501-0110

後記

旅程中的每一天都有不同的記憶，有很多歡笑、感動、淚水，過程中也常感到害怕、徬徨、痛苦，感謝老天給我機會去體會並且有機會能好好回憶，沒有將過程記錄下來，我好怕有天將會遺忘；旅程中探索的喜悅、面對問題的反應、解決疑難的思維，很高興我能從中成長，達成自己單車旅行的目的，學習到勇氣、堅強、開朗的人生觀；更開心能與你們分享這一切，旅行中的景色倒是其次，每次與人的互動，那個可愛的你，那種感動、溫暖是我最不想遺忘的，人一直是旅程中最美的風景，此次紀錄也是為了旅途中的你們！

短短一個月的旅程，何不像人生的縮影，有時候元氣滿滿，可以向前行進一百公里；有時候身心疲累，停留原點卻得到意外風景；在痛苦的爬坡時，就邊推車邊讀日本50音；在無聊的公路上，找樂子看看美麗水溝蓋；在漫長的道路上，從路旁棄置小物中找到我需要的物品；迷路、找路、走回頭路，但每一步都是在前進，都有收穫；更重要的是學會如何不要沉浸於負面心情，在絕境中，不斷找出口，沒有路換條路走，這不就是人生最重要的課題嘛！

旅程遇到一位可愛的日本爺爺，是我的福氣，老天真的對我很好、疼惜我，回國後，常想渕

上爺爺可能真的一百歲了，也許是個「日本精靈」要來幫助我的，回國好久了，爺爺的聲音卻還很清楚的出現在夢中，在自己國家都很難遇到這般投緣、有趣的朋友，我卻在日本旅行中遇到，緣分真的很神奇吧！明年一定要再跟爺爺來趟黑部立山之旅，老頑童與小頑童一定會再見的……

特別感謝森雲賢伉儷，協助我準備單車配備，陪我單車訓練；Roni Tong分享出國經驗、訂機票注意事項，更遠飛到日本陪我來趟「京都之旅」；阿瑄幫忙日文特訓，是我的日文小老師；Peggie的心靈支持，不斷加油鼓勵，讓我相信自己辦得到；高考同期夥伴的陪騎訓練；親友秀琴、怡君給我營養補給，讓我旅途中免於感冒；網友狐狸提供許多日本相關建議，旅日注意事項；台南市立醫院老同事給我醫療上的協助，預防接種及常備藥準備；感謝我的家人讓我勇敢去飛翔，如蘋協助我旅程中的資訊聯絡；感謝我的健保局同仁給我的支持，寶國組長的保健分享……，謝謝大家，因為有你們，我才可以有如此圓滿、順利、大收穫的旅程！

在日本很大的感觸是，只要認真，別人就會當真，不論職業貴賤，穿上制服就是崗位上重要的一員，只要認真都是值得被尊重的，我認真看待我此次過程的紀錄，希望盡力完成，沒想到過程中也有很多收穫，寫作讓人的思考邏輯更清晰，更能表達，試著從對方的角度看事情，透過查證收集資料，對日本的了解更加深入，這一切就像是一場文字的旅行！只是寫作真的沒有想像中輕鬆簡單，反復對稿、換詞，近視應該又加深了……

About Traveling 生活用品

旅行生活不脫食衣住行，一個人出門在外單車旅行，物品的準備把握必要、簡便、風險原則，並視個人旅行風格選擇攜帶的物品，倘若是短天數的輕鬆騎，就不需準備露營野炊裝備；如果是小資旅行路線，所列的物品清單也相對繁瑣。透過事先擬定的物品表逐一核對，避免準備時候發生遺漏，各類物品按性質分類，建議用透明塑膠夾鏈袋包裝，防水並且方便物品拿取！各類物品依照個人習慣做調整，但要評估自己的體力及實用程度，帶了太多不必要的東西，相對是一種負擔！（日本是先進國家，也不怕買不到！）

物品核對表

◆證件文書類

- □1 護照
- □2 身分證
- □3 購票證明
- □4 彩色大頭照
- □5 筆
- □6 地圖本＋日記
- □7 語言書
- □8 證件防水套夾
- □9 日幣
- □10 證件影本
- □11 錢包
- □12 郵票＋國旗貼紙
- □13 國旗一面

◆3C 產品類

- □1 單眼＋充電組
- □2 手機＋充電組
- □3 MP3 ＋耳機
- □4 隨身電源

◆單車類

- □1 公路車
- □2 安全帽
- □3 打氣棒
- □4 單車鎖
- □5 前後燈＋充電組
- □6 頭燈
- □7 麻手套
- □8 內胎
- □9 工具組（補胎）
- □10 S 彈力繩×4
- □11 前置物箱

□ 12 行李箱

□ 13 攜車袋

◆ 露營炊具類

□ 1 帳篷

□ 2 小毛毯（睡袋）

□ 3 防水地墊

□ 4 睡墊

□ 5 炊具

□ 6 餐具組

□ 7 爐頭

□ 8 鹽巴

◆ 生活用品類

□ 1 車衣×2

□ 2 車褲×2

□ 3 頭巾×2

□ 4 棒球帽

□ 5 手套

□ 6 T-shirt

□ 7 短褲

□ 8 襪子×2

□ 9 貼身衣物×2

□ 10 洗衣肥皂

□ 11 沐浴用品

□ 12 防水外套

□ 13 騎乘運動鞋

□ 14 雨天輕便鞋

□ 15 常備口服藥

□ 16 抗生素藥膏

□ 17 保養品

□ 18 防晒乳

□ 19 防蚊液

□ 20 隱形眼鏡

□ 21 太陽眼鏡

□ 22 衛生紙

□ 23 毛巾

□ 24 背包

□ 25 小梳子＋鏡子

□ 26 登山包防水外罩

□ 27 大垃圾袋

□ 28 晒衣夾

□ 29 童軍繩

□ 30 水壺×2

□ 31 一轉三叉頭

□ 32 哨子（安全用）

□ 33 針線包

□ 34 拍照小角架

□ 35 小剪刀

□ 36 束帶

□ 37 ______

□ 38 ______

□ 39 ______

□ 40 ______

附錄：住宿資訊分享

最後瀏覽日期：2015年8年25日

膠囊旅館

淺草ホテル和草／Asakusa Hote IWASOU

地址：Tokyo, Taito, Asakusa, 3 Chome-7-2

電話：03-3872-8897

網址：http://asakusa-wasou.jp

ファーストイン京橋ホテル／First Inn Kyobashi

地址：Tokyo-to, Chao-ku, Kyobashi, 2 Chome -6

電話：03-3564-0141

網址：http://www.naniwa1001.co.jp/first/first.html

網咖

快活 club：上熊本店

地址：Kumamoto Prefecture, Kumamoto, Nishi Ward, Kamikumamoto, 2 Chome-17-42

網址：http://www.kaikatsu.jp

スクリ｜ン &Boo：山鹿店

地址：Kumamoto-ken,Yamaga-shi, Katouda, 3631-1

旅館

ホテル明治屋／HOTEL MEIJIYA

地　址：Shizuoka Prefecture, Hamamatsu, Sato Naka Ward, 1 Chome-1-1-30

電話：053-465-8111

網址：http://hotelmeijiya.com

グランドカ｜ム／HOTEL GRAND CALM

地址：Osaka-fu, Osaka-shi, Kita-ku, Sone-zaki, 1Chome-6-13

電話：06-6315-8092

網址：http://www.hotenavi.com/grandcalm/index.html

開運ビジネス旅館

地址：Hyogo Prefecture, Aioi, Asahi, 1 Chome-2-2

電話：0791-22-2181

網址：http://kaiunryokan.com/

ホテル TODAI ／ HOTEL TODAI

地址：Hiroshima Prefecture, Shiromachi Mihara, 2 Chome-3-3

電話：0848-63-1015

網址：http://www9.plala.or.jp/TODAI

リコホテル小倉／Rico Hotel Kokura

地址：Fukuoka Prefecture, Kitakyushu, Kokurakita Ward, Sendomachi, 3-31

電話：093-521-4444

網址：http://ricohotel.co.jp

旅舍

ろうじ屋／KYOTO GUEST HOUSE ROUJIYA

地址：Kyoto Prefecture, Kyoto, Nakagyo Ward, Nishinokyo Ikenouchi cho, 22-58

電話：075-432-8494

網址：http://kyotobase.com/en

ゲストハウス carpe　島己斐／Guest House Carpe Hiroshima Koi

地址：Hiroshima, Nishi-Ku Koinaka1-5-18

電話：070-5423-0080

網址：http://guesthousecarpe.net

福岡花宿／Fukuoka Hana Hostel

地址：Fukuoka Prefecture, Fukuoka, Haka-taWard, Kamikawa batamachi, 4-213

電話：092-282-5353

網址：http://fukuoka.hanahostel.com/index_c.html

日式旅館

田毎旅館

地址：Kanagawa Prefecture, Odawara, Sakaecho, 2 Chome-6-14

鶴美旅館

地址：Shizuoka Prefecture, Shizuoka, Suruga Ward, Nakada, 1 Chome-6-4

友榮旅館

地址：Aichi Prefecture, Okazaki, Itaya-cho, 136

みやこ旅館

地　址：Aichi Prefecture, Nagoya, Showa Ward, Tsurumai, 2 Chome-1-12

紮營點

道の駅箱根峠（紮營點）

地址：Kanagawa Prefecture, Ashigarashimo District, Hakone, 381-22

日本騎遇記：帶著夢想與勇氣，騎乘上路！

作　　者	黃如雪
發 行 人	林敬彬
主　　編	楊安瑜
責任編輯	王艾維
內頁編排	王艾維
封面設計	季曉彤（小痕跡設計）
編輯協力	陳于雯・曾國堯
出　　版	大旗出版社
發　　行	大都會文化事業有限公司 11051 台北市信義區基隆路一段 432 號 4 樓之 9 讀者服務專線：（02）27235216 讀者服務傳真：（02）27235220 電子郵件信箱：metro@ms21.hinet.net 網　　　址：www.metrobook.com.tw
郵政劃撥	14050529 大都會文化事業有限公司
出版日期	2015 年 10 月初版一刷
定　　價	350 元
I S B N	978-986-6234-83-5
書　　號	Forth-013

First published in Taiwan in 2015 by Banner Publishing,
a division of Metropolitan Culture Enterprise Co., Ltd.

Tel: +886-2-2723-5216 Fax: +886-2-2723-5220
web-site: www.metrobook.com.tw
E-mail: metro@ms21.hinet.net

大旗出版
BANNER PUBLISHING

大都會文化

國家圖書館出版品預行編目 (CIP) 資料

日本騎遇記：帶著夢想與勇氣，騎乘上路！/ 黃如雪 著 .
-- 初版 .-- 臺北市：大旗出版；大都會文化發行，2015.10
240 面；17×23 公分

ISBN 978-986-6234-83-5（平裝）
1. 遊記 2. 腳踏車旅行 3. 日本

731.9　　　　104012326

大都會文化　讀者服務卡

書名：**日本騎遇記：帶著夢想與勇氣，騎乘上路！**

謝謝您選擇了這本書！期待您的支持與建議，讓我們能有更多聯繫與互動的機會。

A. 您在何時購得本書：______年______月______日

B. 您在何處購得本書：___________書店，位於___________(市、縣)

C. 您從哪裡得知本書的消息：

1.□書店　2.□報章雜誌　3.□電台活動　4.□網路資訊

5.□書籤宣傳品等　6.□親友介紹　7.□書評　8.□其他

D. 您購買本書的動機：（可複選）

1.□對主題或內容感興趣　2.□工作需要　3.□生活需要

4.□自我進修　5.□內容為流行熱門話題　6.□其他

E. 您最喜歡本書的：（可複選）

1.□內容題材　2.□字體大小　3.□翻譯文筆　4.□封面　5.□編排方式　6.□其他

F. 您認為本書的封面：1.□非常出色　2.□普通　3.□毫不起眼　4.□其他

G. 您認為本書的編排：1.□非常出色　2.□普通　3.□毫不起眼　4.□其他

H. 您通常以哪些方式購書：(可複選)

1.□逛書店　2.□書展　3.□劃撥郵購　4.□團體訂購　5.□網路購書　6.□其他

I. 您希望我們出版哪類書籍：（可複選）

1.□旅遊　2.□流行文化　3.□生活休閒　4.□美容保養　5.□散文小品

6.□科學新知　7.□藝術音樂　8.□致富理財　9.□工商企管　10.□科幻推理

11.□史地類　12.□勵志傳記　13.□電影小說　14.□語言學習（____語）

15.□幽默諧趣　16.□其他

J. 您對本書（系）的建議：

____

K. 您對本出版社的建議：

____

讀者小檔案

姓名：______________ 性別：□男　□女　生日：____年____月____日

年齡：□20歲以下 □21～30歲 □31～40歲 □41～50歲 □51歲以上

職業：1.□學生 2.□軍公教 3.□大眾傳播 4.□服務業 5.□金融業 6.□製造業

7.□資訊業 8.□自由業 9.□家管 10.□退休 11.□其他

學歷：□國小或以下 □國中 □高中／高職 □大學／大專 □研究所以上

通訊地址：______________________________

電話：（H）______________（O）______________ 傳真：______________

行動電話：__________________E-Mail：______________________

◎謝謝您購買本書，歡迎您上大都會文化網站 （www.metrobook.com.tw）登錄會員，或至Facebook（www.facebook.com/metrobook2）為我們按個讚，您將不定期收到最新的圖書訊息與電子報。

這邊麻煩詳細填寫喔！

要寄這張回來抽獎喔！

北區郵政管理局
登記證北台字第9125號
免　貼　郵　票

大都會文化事業有限公司
讀　者　服　務　部　　收

11051台北市基隆路一段432號4樓之9

寄回這張服務卡〔免貼郵票〕
您可以：
◎不定期收到最新出版訊息
◎參加各項回饋優惠活動

騎遇熊本熊！

抽獎活動

活動期間

2015 年 10 月 1 日至 2015 年 12 月 31 日止。

活動說明

凡購買《日本騎遇記》，於活動期間內寄回書中讀者回函（以郵戳為憑），經確認完整填妥個人基本資料（含姓名、地址、聯絡電話、電子郵件信箱）後，即可參加抽獎活動。

活動獎項

★頭獎：熊本熊遙控踢足球機器人，共 3 名。

★貳獎：熊本熊海洋堂公仔，共 6 名。

★參獎：熊本熊隨行杯（380 cc），共 15 名。

*獎品圖片僅供參考

（↓背面還有注意事項喔！）

注意事項

1. 活動獎項寄送地址僅限中華民國境內，如得獎者未能於領獎期限前回覆有效國內寄送地址，本公司得取消得獎資格。
2. 本出版社得因本活動之需要，依個人資料保護相關規定，於參加本活動同意之期間內，以電子檔或紙本形式於我國境內蒐集、處理、利用其個人資料。但本公司在未經參加本活動者同意之下，不得利用參加本活動者個人資料進行商業行銷行為。
3. 本公司如有任何因電腦、網路、電話或其他不可歸責於本公司之事由，致參加本活動所寄出之資料有遺失、錯誤、無法辨識或毀損等情形，本公司不負任何法律責任。
4. 本活動獎項不得要求轉換、轉讓或折換現金。
5. 本活動獎項悉以實物為準，如遇缺貨或不可抗力之因素無法提供時，本公司有權以其他等值商品替代。
6. 本出版社於 2016 年 1 月 6 日抽出中獎名單，並於官方臉書粉絲團公布。
7. 中獎者收到中獎通知後，出版社會以電子郵件寄出領獎信函，請於 2016 年 1 月 15 日前（以郵戳為憑），自行將簽收憑證列印簽名，並連同身分證正反影本寄回：11051 台北市信義區基隆路一段 432 號 4 樓之 9「大都會文化．大旗出版社收」，逾期視同放棄中獎權利。
8. 本活動獎項待中獎者寄回所需之對獎資料，經確認資料無誤後，將於 2016 年 1 月 31 日前寄出。
9. 得獎者如有冒用他人身分、不符合或違反本活動規定事項者，本公司保有取消其得獎資格的權力。
10. 本公司保有取消、終止或修改本活動相關內容之權利，如有未盡事宜，悉依本公司相關規定或解釋辦理。

大都會文化．大旗出版社

98-04-43-04

郵政劃撥儲金存款單

收款帳號	1	4	0	5	0	5	2	9

金額 新台幣（小寫）

億	仟萬	佰萬	拾萬	萬	仟	佰	拾	元

收款戶名：大都會文化事業有限公司

寄款人 □他人存款 □本戶存款

姓名

地址 □□□-□□

電話

主管：

經辦局收款戳

虛線內備供機器印錄用請勿填寫

通訊欄（限與本次存款有關事項）

我要購買以下書籍

書名	單價	數量	合計

購書金額未滿1,000元，另加收100元國內掛號郵資或貨運專送運費。總計數量及金額：共 ______ 本，合計 ______ 元

◎寄款人請注意背面說明
◎本收據由電腦印錄請勿填寫

郵政劃撥儲金存款收據

收款帳號戶名

存款金額

電腦紀錄

經辦局收款戳

郵政劃撥存款收據
注意事項

一、本收據請妥為保管，以便日後查考。

二、如欲查詢存款入帳詳情時，請檢附本收據及已填妥之查詢函向任一郵局辦理

三、本收據各項金額、數字係機器印製，如非機器列印或經塗改或無收款郵局收訖章者無效。

大都會文化、大旗出版社讀者請注意

一、帳號、戶名及寄款人姓名地址各欄請詳細填明，以免誤寄；抵付票據之存款，務請於交換前一天存入。

二、本存款單金額之幣別為新台幣，每筆存款至少須在新台幣十五元以上，且限填至元位為止。

三、倘金額塗改時請更換存款單重新填寫。

四、本存款單不得黏貼或附寄任何文件。

五、本存款金額業經電腦登帳後，不得申請撤回。

六、本存款單備供電腦影像處理，請以正楷工整書寫並請勿摺疊。帳戶如需自印存款單，各欄文字及規格必須與本單完全相符；如有不符，各局應婉請寄款人更換郵局印製之存款單填寫，以利處理。

七、本存款單帳號與金額欄請以阿拉伯數字書寫。

八、帳戶本人在「付款局」所在直轄市或縣(市)以外之行政區域存款，需由帳戶內扣收手續費。

如果您在存款上有任何問題，歡迎您來電洽詢
讀者服務專線：(02)2723-5216(代表線)
為您服務時間：09：00～18：00(週一至週五)
大都會文化事業有限公司　讀者服務部

交易代號：0501、0502 現金存款　0503票據存款　2212 劃撥票據託收